Penny老師 教你 創意 玩科學

黑膠唱片機、針孔相機、擴音喇叭……全部自己做，
25 個必學原理 ✕ 75 個超酷實驗
在家上最有趣的理化課！

最受歡迎科學老師
Penny 陳乃綺__著

蘇聖元__文字整理

Contents

目錄

1
月分

生物

2
月分

溶液與氣體

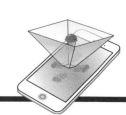

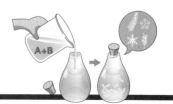

A+B

親自驗證的科學態度與素養

國立臺灣師範大學 地球科學系 副教授　**傅學海**

　　近幾年，全球刮起創客與 DIY 的風氣，Penny 老師是後起之秀，她寫的《Penny 老師教你創意玩科學》一書，系統性的彙整與發想許多有趣的科學活動，用生活周圍取得的材料，設計出大人、小孩在家就能進行的實驗，輔以淺顯易懂的圖解，增添相關的資訊與圖像，是一本很棒的學習科學入門書，也是親子同歡的創意玩科學之書。

　　許多人不喜歡科學，認為科學很難、硬梆梆的，在生活上又沒有什麼用。其實這都是誤解，科學是生活化的、有趣的，日常生活中的食衣住行幾乎都是用科學原理製造出來的，讓我們生活更方便、舒適，例如：手機、電視、汽車、電鍋、微波爐，都是科技的產物，科學與技術相輔相成，其他如建大樓住宅、造橋鋪路，也都用到現代科技。可以説，是科學與技術讓人類得以脫離蠻荒，進入現代聲光化電的生活，也部分豐富了我們的心靈。

　　只是學校授課幾乎都以生硬的知識為主，也較少讓學生親手做實驗，加上考試以知識為主。學生幾乎被動的聽老師講解，用記憶與背誦的方式來學習科學，談不上用實驗驗證科學的素養與能力。自然科學必須配合實驗才能有效學習，因此幾乎所有的科學課程都有相關的實驗課程，物理、化學、生物、地球科學都有配套的實驗，本書設計人人在家就能動手做的實驗，在遊戲玩耍的氛圍中學習科學。

　　目前國內科學教育環境已有轉變，加上創課與 DIY 風氣崛起，引領動手玩科學、動手玩創意的風潮，《Penny 老師教你創意玩科學》回應了這股需求，以深入淺出的文字與多樣的圖説，親子共同動手的方式，寫成本書。全書各個實驗都有圖解，有些實驗附上輔助資訊與相關知識，例如：第 2 堂課中，附上可以乘坐的霸王蓮葉子、全球最大的葉子，整合了一般知識與新知。

　　書中內容分為 12 個月、25 堂課，共 75 個科學實驗，輔以照片、圖説，深入淺出的介紹這些有趣的實驗，除了科學知識外，其中一些實驗也可以成為玩具、食物或生活文具用品。例如：可以當作玩具的自製光劍、仙女棒、針孔相機；可以當作食品的自製茅屋起司、膨糖、自製霜淇淋；以及生活用品，像是葉脈書籤、自製暖暖包、熔顏燈、自製手電筒。

　　學校科學實驗課主要都是老師示範，學生鮮少能親自操作。本書實驗都可以讓小孩親自動手進行，或是大人小孩一起玩。在為期一年的親子歡樂中，養成孩子動手做的習慣與能力，引起孩子對科學的興趣，以及親自驗證的科學態度與科學素養。

　　我認識 Penny 老師時，她正在創業起步階段，沒想到短短數年，已經成就一番氣象，除了科學實驗室，也上電視講解科學實驗，成立的上尚文化企業公司也獲得 2014 年微型企業創業楷模、2016 年獲頒新創事業獎知識服務組銀質獎。如今出書，已成為全方位的科普推動者。

父母和孩子一起做實驗

臺北市南門國小家長會前會長 **鄭偉忠**

在還沒有認識 Penny 老師之前，我家的小孩在家中很喜歡看 YouTube 的科學影片，樂此不疲，常常是一部接一部一直看，有一天我從孩子口中知道了酷酷兄弟和 Penny 老師，以及他們的科學實驗的訂閱率和網路上的高人氣，也跟著孩子看了許多有趣的影片，結果有趣的事發生了，想不到孩子眼中的 Penny 老師和我同一年就讀臺北科技大學 EMBA，不僅如此，由於擔任家長會長的我，因緣際會下邀請 Penny 老師和所領導的團隊到臺北市南門國小主辦科學闖關活動，當時好多小學生私下問我那是 Penny 老師嗎？可見她的高人氣。這次有幸拜讀孩子們的偶像 Penny 所寫的新書，隨手一翻不得不佩服她用白話淺顯的實驗方式，像是用三根火柴棒吊起水瓶，解釋國中理化課程中平衡力系的原理，我回想我對國中理化的概念就是「背多分」死背的年代，還記得當年臺上老師的說明：「物體未被拉動之前的摩擦力稱『靜摩擦力』，摩擦力等於外力，接觸面愈光滑，摩擦力愈小；物體愈重，摩擦力愈大……」還有加速度與牛頓第二運動定律是隱藏的概念。現在的教育趨向多元，這本書可以引起我和小孩科學實驗的好奇，進而建立物理化學的基本觀念。

為了寫這一篇序，我和小孩參考書中所描述的，將臉盆加上玉米粉和水，依書上的實驗步驟及比例攪拌，經由實驗中了解物理固體及液體特性，完全在安全的操作中讓孩子自然而然學習到。繼續往下看這本書，發現另一個一樣是有趣又安全的實驗可以讓聲音被看得見，而且是會前後移動跳舞的，這

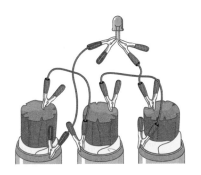

又有一個專有名詞叫駐波，特別的是這個實驗可是 Penny 老師自己下場示範。這本書不像坊間其他科普教育的書，只用漫畫或是科幻的方式呈現，更不是直接將國中理化的教材，稍做修改就出版上市，而是用圖文一步一步的詳細說明，是一種讓每個人都能理解的方式，呈現出原本抽象又不容易理解的概念，把複雜的東西簡單化，充分表現出 Penny 團隊的用心及功力，這不是一件簡單的事，但這是本書的特色。

這本書的架構是用 12 個月分、每週 1 ～ 2 個學習主題來進行，Penny 老師所談到的主題如玉米粉、保麗龍球、洋芋片、火柴棒等，雖然都是日常生活用品，但是透過書中的引導，讓讀者了解物理及化學的轉變，利用小故事大道理，體會處處是科學。

我很榮幸能夠幫 Penny 寫推薦序，這兩年我看著她的成長，持續拓展科普教育，去年獲得了青創事業獎的肯定。我推薦這本書為國小學童的第一本實驗科學書，從做中學，配合書中的引導，相信會為國中的理化教育打下扎實的基礎，也可以透過這本書的內容，父母和孩子一起做實驗，融入親子教育的元素。願大家開卷愉快！

（本文作者現任第十五屆台北市國小學生家長會聯合會祕書處祕書、曾任台北市南門國小100、101、104 學年度家長會會長、第十屆台北市國小學生家長會聯合會教育委員會副召集委員）

把科學變好玩的人

科學 X 博士　**蕭俊傑**

　　認識 Penny 老師很多年，記得她曾經告訴我，她的目標，並不是要讓自己成為一個很厲害的科學人，而是要成為一個可以把科學變得很好玩的人。

　　學習科學的方法很多，可以在學校的課堂上聽老師講課，也可以多看看科學書籍、多走走科學博物館、多逛逛科學網站，每一種學習方法都有它的優點，也都有它的價值。「科學動手做」是近年來最受歡迎、也最有趣的學習方式。就像這本書一樣，運用我們身邊的小東西，透過簡單動手做，就可以輕鬆學習到科學知識。

　　不過我想要強調的是，並不是因為「動手做」，有別於其他科目以書本為主的學習方式，而顯得學習科學特別有趣好玩；反而是因為整個人類世界中所累積的科學知識，原本就是靠著科學家們，一次又一次的觀察，一次又一次的實驗所建構出來的。一項科學的知識，可以經由書本或網路得到，但也可以透過親手操作、親眼觀察而體驗到。或許書本與網路可以讓你迅速的吸收科學知識，但體驗所帶來的學習效果，絕對是深刻且持久的。體驗，才是科學動手做的最珍貴之處。

　　既然學習的方式有很多，身為科學教育工作者，也可以有很多方式來推廣科學教育。不論是舉辦活動、製作電視節目單元，甚至是與網路節目結合，這些都是在資訊爆炸的新時代，推廣科學教育的好方法。每次跟 Penny 老師見面，她都會告訴我她在這些領域上，又有了哪些新的突破與表現。擁有這樣跨領域的科學教育推廣經驗，Penny 老師的科學實驗表現方式，也會是與眾不同的。

　　我自己也從事科學教育推廣工作，以一場完整的科學實驗教學來說，在準備實驗的這一端所做的付出，往往是參與科學實驗學習的學生所難以想像的。我認識 Penny 老師很多年，大家一直在為科學教育努力。如果說，「體驗」是科學動手做最珍貴的元素，而我們創造了一個機會，讓大家可以體驗科學學習樂趣的話，那反過來講，我們也體驗了推廣科學教育所帶來的成就感。這就是科學教育工作最最吸引人的地方。

　　Penny 老師想要成為一個可以把科學變得很好玩的人，她做到了。

（本文作者為科學 X 博士部落格版主，曾任 2016 TedxTaipei 講者、國立中央大學太空及遙測研究中心博士後研究，也是國際科學展覽、全國科學展覽、國際發明展冠軍作品指導講師）

動手玩科學、輕鬆學理化

Penny　**陳乃綺**

　　國中時，學校往往為了升學考試，毅然決然犧牲了我們的實驗課，就這樣一直到了高中，連半個完整實驗都沒操作過的我，想起了小時候讀的愛迪生傳記，記得他從小就擁有不停做實驗的機會，相較於學習科學方式僅局限於教科書的我來說，明顯比近兩百年前的古人還要落後許多。心中除了羨慕也立下了一個願景，希望在不久的將來，我能有機會盡一點心力，讓每一個小朋友都能簡單的開始動手做實驗。

　　研究所時，在補習班任教的我，常常和同學們分享學理化的樂趣及科學時事，而他們往往都是津津有味的聽著。但理化考不理想的同學只要一談到理化，總是避之唯恐不及，學習態度也更趨低落。這景象令我難過了許久，我不希望學生只因為分數不理想，而切斷自己和科學的連結，這也讓我更堅定走上實驗教學這條路。

　　科學實驗在日常生活中俯拾即是，如果只為了考試而硬背物理定律或化學方程式，只會使你求知欲望愈來愈委靡、愈來愈消沉，倘若學校宣布理化課要開始製作黑膠唱片機、針孔相機、擴音喇叭，認識顯微鏡是從教你從自製顯微鏡開始、拿可樂做鬧鐘、大嗑紙火鍋、自製仙女棒，冬天帶領大家自製暖暖包、夏天則是冷冷包……是不是光用聽的就覺得有趣又不可思議呢？

　　科學一直以來想要教會我們的，不是考卷上面的成績，而是一種生活態度。是一場需要思考、探索以及尋找的知識饗宴，藉由實際親手做實驗，將

生活中的現象與問題，推敲理解箇中的道理，以及更改實驗變因會產生不同的實驗結果，每每都是寶貴經驗，會深刻的印在腦海中，昇華成一輩子受用不盡的知識寶藏，比光看教科書上的文字或公式，逼迫自己在明天考試前完全熟記還要令你印象深刻、讓你難以忘記。

我在這本書中設計 25 個國中生必學的科學原理，再將以延伸成 75 個超酷的實驗，每個實驗都附上簡單的原理解釋，方便同學理解，由淺入深，先學會重要的概念和原則，再按難度和層次循序漸進，適合想在課堂中讓學生耳目一新的老師、或是想和孩子共同學習的家長，抑或是曾經對科學失去希望、現在想和科學重新認識的人，除了帶你做一個個新奇有趣的超酷實驗外，其內容尚涵蓋國中七、八、九年級生物、理化課程，全方位學習科普知識，將相關知識重新以新奇有趣的圖片做真實呈現，以創造自發性學習的動機。

書中的實驗材料大多都是家中唾手可得，無須花大錢就能輕鬆動手做，書中也適時輔以生活周遭可見的科學趣聞與現象。親近科學絕非難事，倘若你願意一步一腳印的挖掘其中奧妙的樂趣，得到的收穫絕對超過教科書上單方面想傳授的，期許同學能藉由此書得到對科學的啟發，讓求知欲盡情揮灑，實現「動手玩科學、輕鬆學理化」的理想。

創意玩科學

生物

大家進入七年級後，接觸到的第一個自然科學學科便是生物，除了介紹生物圈裡的各種物種分類演化之外，與我們最息息相關的便是人體：人體內的組成、人體的運作以及遺傳及演化。下面美美的例子就與遺傳基因有關喔！

美美有一天在照鏡子，正在欣賞自己的長直髮，她突然想到自己的爸媽好像都是捲髮，為什麼自己的頭髮卻那麼直呢？

1

生物的起源！
看一看自己的 DNA

地球上所有的生物，包含動物、植物和細菌等，皆由細胞所組成，細胞是組成生物的基本單位，但不同的器官，細胞構造都會有一些差異。

◉—細胞的構造

　　細胞具有三個基本的構造，分別為細胞膜、細胞質以及細胞核：

● 細胞核：細胞核內含有許多物質，我們常常聽到的 DNA 便是位於此處。

● 細胞質：細胞質的組成較為複雜，不同的部分具有不同的功能，例如：「高基氏體」是細胞的分泌中心，處理分泌物質的包裝與分類；「核糖體」是合成蛋白質的場所。

● 細胞膜：做為隔離內外的一層障壁，也負責控制物質的進出。

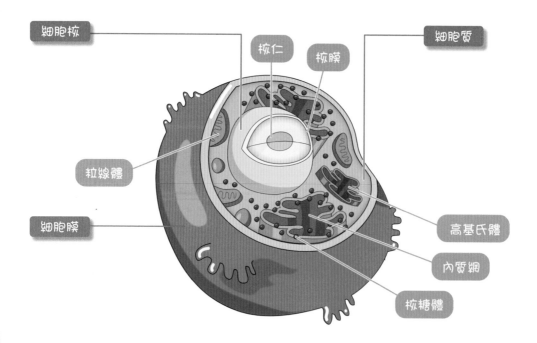

細胞核　　核仁　　核膜　　細胞質

粒線體

細胞膜

高基氏體

內質網

核糖體

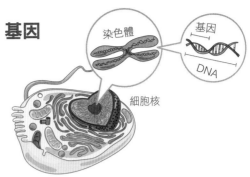

◎─遺傳物質染色體、DNA、基因

　　細胞核裡面有染色體，染色體裡面有 DNA，而基因是一對具有特殊功能的 DNA，所以若是比較其大小：染色體 <DNA< 基因。

● **染色體**：染色體存在於細胞核之內，由 DNA 和蛋白質纏繞在一起組成。每一種生物細胞具有的染色體數目是特定的，例如：人類具有 23 對染色體，也就是 46 條，其中有 22 對體染色體，決定我們的遺傳表現，另一對則為性染色體，決定人類的性別。

　　愈聰明的生物染色體愈多愈複雜嗎？其實不一定。在 2013 年科學家發現了一種纖毛蟲的染色體高達 15,600 條，甚至有許多低等生物也有好幾千條的染色體喔！

● **DNA**：DNA 的中文為「去氧核糖核酸」，可以視其為遺傳密碼，每個人都不一樣，DNA 的外觀為雙股螺旋狀，由四個部分組成，分別為 A「腺嘌呤」、G「鳥糞嘌呤」、C「胸腺嘧啶」、T「胞嘧啶」。

A「腺嘌呤」
T「胞嘧啶」

C「胸腺嘧啶」
G「鳥糞嘌呤」

● **基因**：基因是遺傳的基本單位，為一段具有特殊功能的 DNA，父母親會將基因傳給下一代。人類大概有 2 ～ 3 萬個基因，影響著我們的外型、智能、甚至是健康狀況。

　　根據孟德爾定律，基因分顯性和隱性，通常一半來自父親，一半來自母親，比如捲髮是顯性，直髮是隱性，當顯性基因與隱性基因結合時，顯性基因的表現會較強烈。

　　我們可以用棋盤方格預測法，來預測下一代的長相。假設捲髮的基因為 H（顯性）、直髮為 h（隱性），而爸爸是捲髮，媽媽是直髮，則小朋友的頭髮基因為：

Q1 如果爸爸是捲髮（Hh），媽媽是直髮（hh），則小朋友的頭髮基因為：

	H	H
h	Hh	Hh
h	Hh	Hh

因顯性基因較明顯，因此小朋友皆為捲髮 (Hh)

Q2 如果爸爸是捲髮（Hh），媽媽是直髮（hh），則小朋友的頭髮基因為：

	H	h
h	Hh	hh
h	Hh	hh

根據棋盤方格的預測，小朋友也有機會出現隱性（hh）的直髮喔！

● **血型**：同樣的方法也可以拿來預測血型，血型的遺傳因子有 I^A、I^B、i 三種，以下為組成方式：

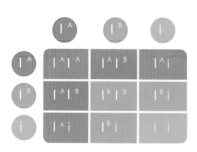

	I^A	I^B	i
I^A	$I^A I^A$	$I^A I^B$	$I^A i$
I^B	$I^A I^B$	$I^B I^B$	$I^B i$
i	$I^A i$	$I^B i$	$i i$

● A 型可能為：$I^A I^A$ 或是 $I^A i$
● B 型可能為：$I^B I^B$ 或是 $I^B i$
● O 型可能為：$i i$
● AB 型可能為：$I^A I^B$

科學好好玩 01

DNA 萃取

取得 DNA 的四大關鍵

洗髮精
必須含有 sodium lauryl sulfate，
可以溶解細胞膜。

鳳梨罐頭
裡面的鳳梨酵素，可以將細胞
中的蛋白質溶解。

鹽巴
DNA 略帶負電，鹽巴可將
DNA 吸附過來，使其聚合在
一起。

乙醇，即酒精 (95%)
可使 DNA 溶液脫水，DNA 便
會沉澱析出。

◎ 實驗材料

1. 奇異果

2. 鳳梨罐頭

3. 筷子

4. 乙醇

5. 亞甲藍液

6. 杯子

7. 滴管

8. 試管

9. 食鹽

10. 洗髮精

11. 水

◎ 實驗步驟

1　將奇異果放入杯中，用筷子搗碎。

2　調配一杯溶液 A：洗髮精 5 毫升、鹽巴 15 公克、水 50 毫升。

A+ 奇異果泥

3　將奇異果泥倒入溶液 A 裡，並用筷子攪拌。

4　用另一個杯子調配溶液 B：鳳梨罐頭汁 5 毫升、水 95 毫升。

A+ 奇異果泥 +B

A+ 奇異果泥 +B

清澈液體

5 在溶液 A 裡倒入溶液 B，均勻混合。

6 將此溶液倒入過濾袋過濾，取出清澈液體。

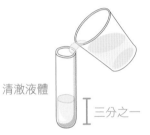

清澈液體

三分之一

乙醇

7 將清澈液體倒入試管，到約三分之一的位置。

8 用滴管吸取乙醇，沿著試管壁緩緩滴入。

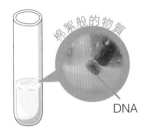

棉絮般的物質

DNA

亞甲藍液

染色觀察

9 此時乙醇與液體的交界處，會出現如棉絮般的物質，這就是聚合而成的DNA。

10 用滴管吸取亞甲藍液，深入至交界處中擠出，可將聚合的 DNA 染色，方便觀察。

原來古代畫押是要留指紋？

在中國古代，人們會利用指紋做為案件畫押的依據；以前的合約也會利用指紋來當作雙方買賣的證據，表示從以前開始，就知道指紋可以用來證明或代表一個人的身分。為什麼指紋可以辨識身分呢？因為具有以下的特性：

◉— 觸物留痕

汗液裡面有許多的物質，裡面的成分揮發性很慢，且具有黏著性；而指紋透過汗液，將紋路留在物品上，就會成為鑑識的關鍵。

我的汗黏黏的，會附著在物品上面！

◉— 指紋不變

嬰兒在母體內時，指紋就已經成形了！而且在成形之後，一直到壽命終結之時，指紋的形狀都不會改變，只會有大小的不同。因此在案件上，是一個參考證據。

我的指紋都不會變老！

指紋的唯一性

我們利用指紋上的特徵點來判斷兩枚指紋是否相同（一枚指紋平均特徵點為 100 個），兩枚指紋只要有 13 個相同的特徵點，就可以視為相同的指紋，數學家透過統計，大約要 10^{49} 的人口，才會出現兩枚相同的指紋，出現機率非常低。

交叉
核
分岔點
脊斷點
島型區域
三角形區域
孔

指紋的修復能力

長期做粗重工作的人，手的磨損比較高，指紋會比較不明顯，但只要經過休息，指紋便會再生；當指紋受到不可恢復的傷害時，會留下疤痕，而這個疤痕就可以代替指紋做為鑑別的依據，因此不用擔心指紋會消失。

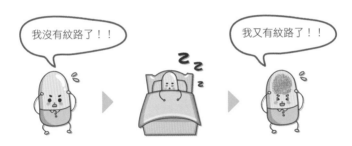

指紋只要經過休息，就會再生。

保存期長

指紋保存的時間取決於環境的溫度、溼度等諸多因素，人體產生的汗水分泌物多寡等，也會影響指紋保存的長短。根據紀錄顯示，曾經有三十幾年歷史的指紋仍然被鑑定出來。

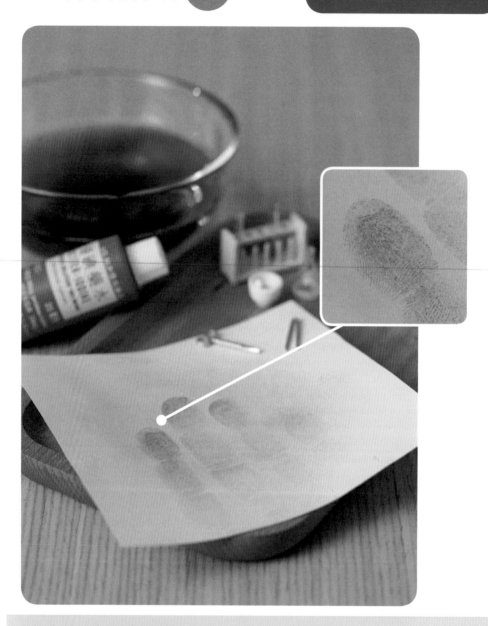

碘酒即可讓指紋現形！

　　碘酒中含有碘，受熱後會變成紫色的碘蒸氣，如果接觸到指紋，便會溶進指紋中，進而讓指紋現形。

難易度 ★★☆☆☆　　　　　家長陪同　　□必須　　■可自主

配合學校課程　　**7 年級上學期　第 6 章　生物體的恆定**

實驗材料

1. 碘液　2. 膠帶　3. 塑膠杯　4. 滴管　5. 攪拌棒　6. 白紙

實驗步驟

1 在杯中滴入碘液，並加入溫熱水。

2 取一張白紙在紙上按壓。

3 將紙放在塑膠杯上，等碘蒸氣將指紋染色。

4 等指紋顯形之後，以膠帶將指紋貼住，以免指紋被抹掉。

> 生活小教室

指紋還有哪些用處？

❶ 光學指紋辨識器

光學指紋辨識器是利用光打到指紋上後，因為指紋凹凸不平，凹紋和凸紋的反射光不同，進而辨識指紋的形狀。

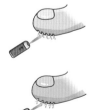

用相同的光打在不同的指紋，
會產生不同的反射光。

❷ 指紋解鎖

現在許多智慧裝置上都有指紋辨識功能，因為指紋凹凸不平的關係，所以每個紋路可以用來辨識指紋資料。

❸ 增加摩擦力

指紋除了可以辨別身分外，凹凸不平的表面還可以增加手上的摩擦力，讓我們拿東西時，可以拿得更穩，不容易滑掉。

不住茅屋也能做的茅屋起司

　　起司是用牛奶濃縮而成的乳製品，營養豐富。100 公克的牛奶大約可製作 10 公克的起司，卻包含了牛奶裡面大部分的營養，其中豐富的蛋白質也讓起司擁有白肉之稱。

要去旅行了，帶點羊奶上路～

口好渴！

經過高溫的沙漠……

喝羊奶解渴好了，咦？這白白的固體是什麼？

這個好吃！

● 生物的起源！看一看自己的 DNA

◉─ 脂肪

起司裡的脂肪和高熱量的食物相比並不會特別多，適當的食用不會造成肥胖，而脂肪提供的能量還可以協助消耗體內囤積的脂肪。

◉─ 高蛋白質

起司中的蛋白質占了將近 25%，蛋白質是組成細胞的重要物質，還有一些人體必需的胺基酸也可以從起司的蛋白質中獲得。

◉─ 礦物質和維生素

起司中含有礦物質鈉和磷，維生素 A、B 群、D 和 E 等，都是維持身體機能的重要營養。

◉─ 高鈣質

起司內擁有豐富的鈣質，適當的攝取可以幫助孩童長高以及預防骨質疏鬆症。

我們在市面上可以看到琳瑯滿目的起司，每種起司的用途和味道都不太一樣，現在我們就來認識一下這些比較常見的起司吧！

起司名稱	製作方法	成熟期時間	特色
Mozzarella 莫扎瑞拉起司	牛奶結塊之後，直接包上紗布擠乾水分。	短	加熱後，有很強的黏性，使用在起司條上。
Cheddar 切達起司	牛奶結塊之後抹上鹽，在通風的地窖中放置。	8 ～ 15 個月	顏色較黃，且較硬，加熱後很容易融化、味道帶鹹味。可夾在三明治裡或直接食用。
Parmesan 帕瑪森乾酪	熟成的時間不同，風味也不同。	不定	口感較硬，通常會製成粉狀或是細絲狀來增加料理的風味，如搭配義大利麵的起司粉。

蛋白質會變性？

　　當蛋白質碰到酸、鹼、有機溶劑、重金屬、熱、紫外光或 X-射線而讓結構損壞時，會讓蛋白質失去功能，但是蛋白質的組成並不會改變，這種變化就稱為蛋白質變性，就像雞蛋煎熟後，蛋白變成白色，蛋白質已經變性，但是吃蛋時還是可以攝取到蛋白質。

正常蛋白質　　變性

變性蛋白質

恢復活性

難易度 ★★★☆☆　　　　　家長陪同　■必須　□可自主

配合學校課程　**7 年級上學期　第 3 章　食物中的養分與能量**

實驗材料

1.全脂牛奶　2.鋼杯　3.塑膠杯　4.濾紙　5.鹽　6.溫度計　7.水果醋

實驗步驟

1　將全脂牛奶加熱。

2　將溫牛奶與醋以 3：1 的比例倒至杯中，靜置 10 分鐘。

3　用濾紙過濾加入醋的牛奶。

4　加入少許的鹽提味。

5　靜置於冰箱，讓結塊變硬。

生活小教室

蛋白質相親相愛就會變成起司？

② 地球不能沒有它，小生物大功能！

葉子內的葉綠體吸收陽光後，會將二氧化碳和水轉換成葡萄糖和氧氣，這個過程稱為光合作用。除了植物之外，藻類跟一些含有細菌葉綠素的細菌也會進行光合作用，提供地球上的生物生存所需的能量。

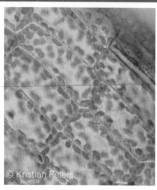

© Kristian Peters

● 透過顯微鏡觀察到的葉綠體。　● 光合作用把二氧化碳變成氧。

◉─葉子也有色素？

以聖誕紅來說，漂亮的紅色常被誤為是花朵，但其實他是聖誕紅的葉子喔！葉子的綠色主要是來自葉綠素，而聖誕紅的葉子經過照光和加溫後，會使葉綠素分解，並產生花青素，讓葉子轉成漂亮的紅色喔！

© André Karwath

◉─為什麼樹會一直落葉子？

葉子暴露在室外的環境當中，會受到冷熱、昆蟲、紫外線等傷害，因此大部分葉子的壽命都不會超過一百天，而且葉子是植物製造營養的器官，因此會不斷把受損的葉子掉落，並生長出新的葉子，才能讓植物健康的活下去。

⊙─ 各種奇特的葉子

　　葉子除了進行光合作用和蒸散作用，某些植物的葉子會有其他特別的功能或造型，這些葉子跟一般的葉子不一樣，我們稱為變態葉。

1. 針狀葉

　　因為仙人掌生長在缺乏水分的沙漠，要避免水分從葉子蒸發，所以演化出像刺一樣的針狀葉，針狀葉沒有光合作用跟蒸散作用的功能，主要是為了保護植物不會被其他動物吃掉，仙人掌是透過莖來進行光合作用，並且儲存水分。

2. 捕蟲葉

　　捕蠅草通常生長在土地貧瘠的地方，因為土壤缺乏養分，所以捕蠅草會把葉子變成陷阱來捕捉昆蟲，以獲得所需的營養，捕蠅草的葉子上有細毛，而且會分泌黏液跟特殊的味道，形狀像是一個大夾子，當有昆蟲被吸引進來，夾子就會關上把昆蟲吃掉。

3. 捲鬚葉

　　豌豆的莖非常的柔軟，沒辦法站立，需要靠攀爬其他東西才能生長，因此豌豆會長出像鬚一樣的葉子，可以幫助豌豆攀爬，這種葉子叫做捲鬚葉。

4. 儲水葉

　　有些植物葉子鼓鼓胖胖的，裡面含有大量的水分，這種葉子稱做儲水葉，有時可以在水果攤或菜市場看到的石蓮花的葉子，就是儲水葉的一種喔！

© Daigedingea

5. 可以乘坐漂浮的葉子

　　霸王蓮是葉子最大的水生植物，原產地在南美洲亞馬遜河流域，葉子直徑可以大到1～2公尺，霸王蓮的葉子非常堅固，可以讓小孩甚至較輕的大人，坐在葉子上漂浮哦。

6. 最大的葉子

　　大根乃拉草是生長在南美洲的植物，大根乃拉草的葉子非常的大，可以到2～3公尺這麼大，比一個成年人還高。

◉─地球上最大的生物不是恐龍，是樹木

世界上最大的樹是位於美國紅杉國家公園內的薛曼將軍樹，也被認為是地球上最大的生物，高 83.8 公尺，底部最大直徑達 11.1 公尺。樹齡約為 2,300～2,700 年。薛曼將軍樹是由博物學家詹姆斯‧沃爾弗頓於 1879 年時命名，為了紀念南北戰爭時的將軍威廉‧特庫姆塞‧薛曼。

© Samartur

◉─將近 40 層樓高，世上最高的樹

亥伯龍樹是世界上已知現存最高的樹木。亥伯龍樹是加州紅木，現高 115.61公尺，樹齡約為700～800 年。在 2006 年，博物學家克里斯‧阿特金斯和邁可‧泰勒於美國加州的紅木國家公園一處偏僻區域發現該樹，並以希臘神話中泰坦巨人之一亥伯龍神為其命名。

史上最強支撐系統

　　報紙摺過後，摺痕處會變硬，我們可以用摺痕來模擬葉脈撐起葉子的方式，撐起報紙，讓報紙不垂下來。

難易度 ★☆☆☆☆　　　家長陪同　　■必須　　□可自主

配合學校課程　**7 年級上學期　第 4 章　生物體的運輸作用**

⊙━ 實驗材料

1. 報紙

2. 衛生紙

⊙━ 實驗步驟

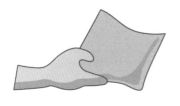

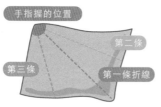

手指握的位置

第二條

第三條

第一條折線

1 用手指夾住報紙的一角，看是否能撐起整張紙。

2 照以上圖示，把報紙摺好，看報紙是不是能立起來。

3 用衛生紙重複上述步驟，看能不能把衛生紙立起來？

生活小教室

⊙━ 做家具也可以的瓦楞紙

　　紙張在對摺之後，摺痕會讓紙張的承受力上升，愈多的摺痕，便可以支撐愈重的重量，此外，像瓦楞紙這樣的反覆結構，可以將力更平均的分散，因此也可以承受更多的重量。

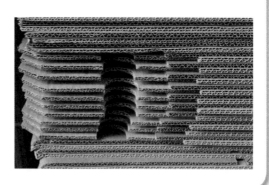

替葉子剔骨頭？！

　　葉片細胞的細胞膜是由部分脂質所組成，強鹼能夠和脂質發生化學變化，進而破壞細胞膜，讓葉肉可以輕鬆刷除，留下較硬的葉脈部分。此外，可以挑選桂花葉、菩提樹葉等葉脈較粗、較堅硬的葉子，刷葉脈比較不容易斷掉喔。

難易度 ★★★★★　　　　　　　家長陪同　　■必須　　□可自主

配合學校課程　**7 年級上學期　第 4 章　生物體的運輸作用**

◉ 實驗材料

 2. 氫氧化鈉
 4. 酒精燈組
6. 手套　7. 牙刷

1. 樹葉
3. 燒杯
5. 鑷子
8. 玻璃棒

◉ 實驗步驟

　30 分鐘
　清水

1　先配置 5% 的氫氧
化鈉溶液。

2　將葉子放入氫氧化鈉溶
液中，加熱至沸騰，再
煮 30 分鐘。

3　將葉子煮好之後，
放在清水中浸泡。

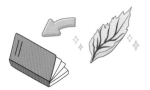

4　戴上手套，用牙刷輕輕
的將葉肉刷掉，注意不
要損傷到葉脈。

5　刷好之後，放置乾燥，
葉脈書籤就完成了！

千萬要小心！

◉ 使用強鹼的注意事項

2　氫氧化鈉溶液
的配置。

取 5 公克的氫氧化鈉　　　　加水至 100 cc

1　氫氧化鈉為強鹼，
使用時要戴手套，
避免接觸到皮膚。

3　家裡沒有氫氧
化鈉時，可以
用肥皂泡水代
替。

取 15 公克的肥皂　　　　加水至 85 cc

香蕉無料刺青的祕密

香蕉皮上的細胞內,有一種多酚氧化酶的酵素,細胞被破壞後,和空氣中的氧氣接觸,會開始氧化,使果皮變色。

難易度 ★☆☆☆☆　　　　　家長陪同　　□必須　　■可自主

配合學校課程　　**7 年級上學期　第 3 章　生物體的營養**

實驗材料

1. 香蕉　　　2. 鉛筆　　　3. 牙籤

實驗步驟

　　　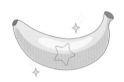

1 挑選顏色漂亮的香蕉。

2 先用鉛筆在香蕉皮上畫草稿。

3 沿著鉛筆線條用牙籤戳香蕉皮。

4 等待 5 ～ 10 分鐘，圖案就會慢慢浮現囉！

生活小教室

用科學替水果保鮮

❶ 降低水果的呼吸作用：

水果是有生命的，呼吸是為了維持生命，而呼吸愈多，水果就愈快變質，放入冰箱可以降低呼吸作用。

包起來才不會乾掉！

❷ 降低水果的蒸散作用：

蒸散作用會使水果的水分散失，而變得乾巴巴的，所以最好將水果用紙或塑膠袋包起來保存。

❸ 避免與會產生乙烯的水果放一起：

蘋果和香蕉等部分水果，在成熟過程中會放出乙烯氣體，乙烯會加速水果的成熟和老化，在水果包裝工廠中，還有特別的乙烯吸收片來吸收乙烯，避免影響到其他水果。

乙烯吸收片

大家快跑！　　不然會熟掉～　　一起玩嘛～

創意玩科學
溶液與氣體

在八年級上學期理化的前段，有一個重要的計算就是溶液的濃度，濃度的計算是非常重要的，除了下學期「酸鹼」會碰到之外，一直到高中許多化學計量的計算，濃度都是非常重要的基本功。溶液和氣體都是我們生活中非常容易碰到的物質，了解它們的特性，可以讓理化更貼近生活喔！

小明在家政課上，想要調一碗鹽水，但攪了半天，鹽巴都沒有溶化，他覺得非常奇怪。老師說他的鹽水已經達到飽和，沒辦法再溶解，什麼是飽和？難道水也會吃飽嗎？

Lesson 3

科學好好玩 ❼：
牛奶彩盤

點一下就散開！生活中經常看到液體表面張力的現象，像是露珠、泡泡等。表面張力究竟是什麼？用牛奶、色素和清潔劑，來解開表面張力的祕密吧。

科學好好玩 ❽：自製非牛頓流體

非牛頓流體代表具黏度的流體，在外力的影響下，會變更黏稠或更稀鬆。只要有水和玉米粉，在家也能自製非牛頓流體，不只可以翻攪、敲擊，甚至可以踩在上面，玩輕功水上漂。

科學好好玩 ❾：蜜糖彩虹塔

密度在理化中是非重要的一個概念，可以用來判斷各種物體的沉浮。蜜糖彩虹塔是用不同濃度的糖水，堆疊出漸層的彩色效果，坊間有些彩色飲料，就是利用這種概念調製的喔！

Lesson 4

科學好好玩 ❿ & ⓬：
迷你冷冷包 & 可樂噴泉

二氧化碳是生活中非常常見的氣體，而在學習的過程中，二氧化碳也是常出現的反應產物，所以了解和認識二氧化碳是非常重要的一環！

科學好好玩 ⓫：自製光劍

生活中許多光源都是利用通電後，氣體接收能量所發出的光芒喔！在課程中提到物質的焰色，比如鈉燃燒時會放出黃光，其實我們在路邊看到黃色的高壓鈉燈，就是鈉的焰色的另一種呈現。

好硬的水？！
深藏不露的溶液特性

溶液是由溶質與溶劑混合而成，溶質是指被溶解的物質，而溶劑是用來溶解溶質的物質，以常見的糖水來說，糖被溶解，因此糖為溶質，而水就是溶解糖的溶劑。在我們的生活中有許多液體，這些液體都有屬於自己的特性，飽和度、表面張力、黏滯性等，我們可以利用這些特性，來更加了解溶液。

●─再也「溶」不下！

溶液依照溶解的程度，可以分為未飽和、飽和以及過飽和三種狀態，以 100 公克的水在 25℃ 時，可以溶解約 26 公克的鹽來說：

未飽和溶液

好吃，我還可以繼續吃！

Salt

26公克鹽

100毫升

● 未飽和溶液仍然可以繼續溶解物質

飽和溶液

吃飽了，我吃不下了⋯⋯

26公克鹽

100毫升

● 飽和溶液溶解的物質達到最大值，無法再繼續溶解

過飽和溶液

嗚⋯⋯吃過量了，好想吐⋯⋯

90毫升的水無法溶解 26 公克的鹽，所以會析出。

26公克鹽

90毫升

鹽

● 我們可以透過調節溫度或水量減少，讓飽和溶液形成過飽和溶液，此時溶解在溶液內的物質會超過能夠溶解的最大值，而重新析出

⊙─ 為什麼露珠都是圓的？

圓的

我們清晨在戶外散步的時候，會發現路邊的小草上，凝結著一顆一顆圓圓的露珠。為什麼露珠會是圓形的呢？這是因為「表面張力」的關係！我們日常生活中的液體，都是由許多稱為分子的小顆粒凝聚而成的，這些小顆粒互相之間都有吸引力。

1. 在液面的分子

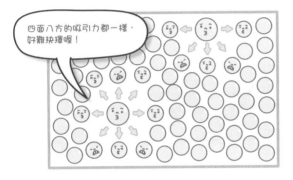

四面八方的吸引力都一樣，好難抉擇喔！

2. 分子很平均的往內部集中

我們都被往內部吸，由於圓形是最平均的形狀，所以我們都排成圓形。

⊙─ 牛頓說：流體有兩種，牛頓與非牛頓

科學家牛頓將流體依黏度分為「牛頓流體」和「非牛頓流體」兩類，牛頓流體就像水一樣，以外力攪動時，黏性不會改變；非牛頓流體以外力攪動時，會變得更黏或不黏，如麵線羹、水泥。

某一類的非牛頓流體，當我們對它快速施壓時，液體內的分子會因為擠壓而排列整齊，形成類似固體的樣子；若對液體慢速施力，分子有足夠的時間移動而不會排列緊密，則仍然表現出流體的樣子。

緩慢的施力

● 粒子鬆散，所以很容易下陷。

瞬間的施力

● 粒子被擠壓得很密集，所以變硬。

為什麼色素一點就跑？

　　因為洗髮精內含有介面活性劑，會將牛奶的表面張力破壞掉，這時牛奶分子會被往兩邊拉走，滴在上面的色素也就跟著牛奶一起擴散開來。

● 洗髮精會破壞表面張力，將牛奶牽在一起的手分開。

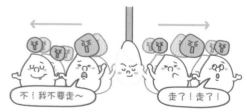

● 手被分開後，會因為旁邊牛奶的吸引力，而被往旁邊拉走，因此上面的色素會被帶著往旁邊跑。

難易度 ★☆☆☆☆　　　　　　　家長陪同　　□必須　■可自主

配合學校課程　**8 年級上學期　第 2 章　認識物質的世界**

實驗材料

1. 紙盤

2. 牛奶

3. 棉花棒

4. 洗髮精

5. 色素

實驗步驟

1　將牛奶倒入盤子中。

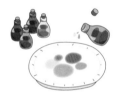

2　將所有色素分開滴入牛奶裡。

3　將棉花棒沾滿洗髮精放入牛奶盤。

4　牛奶會因為表面張力被破壞掉而向外流動。

生活小教室

原來這些也和表面張力有關！

吹泡泡

我們在吹肥皂泡泡的時候會發現，它最後也會形成圓形，這其實也是表面張力的關係唷！

滾動的水銀

如果把水銀滴在桌上，也會發現它是圓形的喔！

油在水中

當油滴散布在水中時，也是圓形的！

© Jeff Kubina

一把抓起

緩緩流下

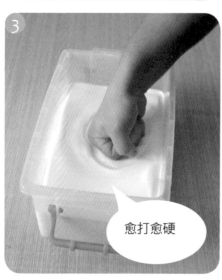

愈打愈硬

從指縫溜走

一定要用玉米粉嗎？

其實太白粉、樹薯粉水溶液，在特定的比例下也是屬於非牛頓流體的一種，快速敲打溶液時，就會形成如固體般堅固的表面。

難易度 ★☆☆☆☆　　　　　　家長陪同　　□必須　　■可自主

配合學校課程　　**8 年級上學期　第 2 章　認識物質的世界**

實驗材料

1. 玉米粉　　2. 杯子　　3. 臉盆

實驗步驟

  玉米粉：水＝5：2

攪拌　　固體

1　玉米粉：水約以 5：2 的比例放入臉盆裡。

2　攪拌均勻後，用力抓緊玉米粉液體，會發現液體變成堅硬的固體了！

液體

3　慢慢的鬆手，固體會再度變成糊狀液體，從指縫流下。

太白粉

4　試試看其他的粉，是不是會有一樣的效果。

不論軟硬都實用！

生活小教室

① 在國外，科學家研究愈用力愈稠的非牛頓流體原理，來製作防彈衣，抵擋子彈的衝擊。

② 煮菜、煮湯常用太白粉加水調成的勾芡水，也是一種愈用力愈稠的非牛頓流體。

③ 油漆則是愈用力愈稀的非牛頓流體，必須用刷子才能刷開，不然會一整坨黏在牆壁上。

④ 瓶裝的番茄醬也是愈用力愈稀的非牛頓流體，用力敲打後，瓶口的番茄醬會變稀流出。

①　　　②　　　③　　　④

為什麼顏色不會混在一起，反而層次分明？

在相同的水量下，加入不等量的糖所調配出的糖水，會因為密度不同，而讓糖水出現分層的現象。

密度較小

密度較大

難易度 ★☆☆☆☆　　　　　　　家長陪同　　□必須　■可自主

配合學校課程　**8 年級上學期　第 1 章　物質的密度**

實驗材料

1. 水彩　　　2. 塑膠管　　3. 滴管　　4. 糖　　　5. 水　　　6. 量匙

實驗步驟

1 準備好五杯等量的水。

2 加入不同分量的糖（0匙、2匙、4匙、6匙、8匙），泡五杯不同濃度的糖水。

3 五杯分別加入不同顏色的水彩。

濃度最高

4 從濃度最高的那杯開始，緩慢的倒入塑膠管中。

5 第二杯開始用滴管沿著管壁慢慢的滴入。濃度越高、密度就越大，在瓶子中就會向下沉，而密度較小的就會浮在上層。

生活小教室

密度這樣也能變？

除了不同濃度的糖水，不同種類的液體，密度也不同，例如：油的密度比水小，所以我們可以在湯或是菜中，觀察到上面浮著一層薄薄的油。即使同樣的液體，也會在某些情況下產生密度變化。例如：水的密度隨著溫度熱漲冷縮會發生變化，4℃時，水的密度最大，因此會沉在下面，0℃的冰則會浮在上方，使得水下生物可以繼續生存，不會結冰。

所以湖面結冰時，水底下的溫度一定比水面上溫暖！

河水裡面：4℃（較溫暖）

Lesson 4

變溫、放電，還會爆發？不思議的氣體大觀園

地球上的大氣是由許多不同的氣體所組成，氮氣占最多 (78%)，氧氣次之（21%），再來是氬氣、二氧化碳以及其他少數氣體，這些氣體在我們的生活中也有許多用途，方便了我們的生活。

●──以不變應萬變：氮氣

氮氣是地球大氣中最多的氣體，無色無味、非常的安定，室溫下幾乎不與其他氣體反應。氮氣常用來填充在食品包裝中，可以隔絕氧氣與食品，減緩食物變質的速度。液態的氮氣常用來做冷凍劑，溫度約 -196℃，在醫學上會用來治療病毒疣；工程上常用來降低溫度，引發高溫超導體的超導特性。

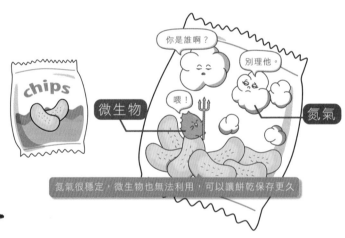

●──萬物始於它：氧氣

氧氣是地球上生物賴以維生的氣體，在大氣中的含量非常豐富。但在地球誕生時，空氣中並沒有氧氣，大約在 35 億年前，藍綠藻開始行光合作用製造氧氣，而氧氣形成了臭氧層，阻擋了紫外線，才讓生命離開海洋，開始往陸地發展。

1. 生活中的氧

氧化物： 氧很活潑，容易和許多元素進行反應，形成所謂的氧化物，比如鐵鏽，就是鐵和氧的化合物。因為氧的特殊活性，使得氧容易以氧化物的狀態出現在生活中，常見的還有二氧化碳、一氧化氮和氧化鋁等許多物質。

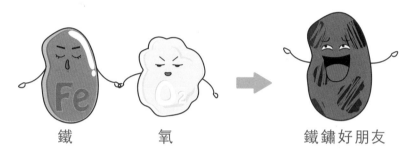

| 鐵 | 氧 | 鐵鏽好朋友 |

● 鐵的活性大，容易跟氧產生反應，成為鐵鏽好朋友。

分解能量： 許多生物必須靠吸收氧氣來運用體內的能量，比如在人體內醣類加上氧分解後，會產生能量來保持體溫、運動和維持生命等。

葡萄糖　氧　二氧化碳　能量　水

● $C_6H_{12}O_6 + 6O_2 \rightarrow 6CO_2 + 6H_2O +$ 能量

2. 臭氧

　　臭氧層位於大氣層中的平流層，是用來吸收高能量的紫外線，保護地球上的生命，早前因氟氯碳化物的使用，使南極上空的臭氧層變薄，造成紫外線過量，形成傷害，經由各國家一起開會禁止氟氯碳化物的使用，才逐漸緩和。

⊙─ 溫暖的來源：二氧化碳

二氧化碳是生活中經常接觸到的氣體，我們的呼吸，或是食物等都可以看到二氧化碳，是不可或缺的。

1. 食物中的二氧化碳

在麵包和汽水中都有使用二氧化碳，由發粉放出的二氧化碳可以讓麵包口感更蓬鬆；汽水中的二氧化碳則是讓汽水喝起來有涼爽感的原因之一喔！

2. 呼吸

我們吸入的氧氣，會在細胞內反應後，產生二氧化碳，再排出體外，是碳循環中的重要一環。

3. 溫室效應

溫室效應是一種正常現象，因為溫室效應，地球才可以維持在適合的溫度，讓人類生活，但隨著科技發達，二氧化碳等溫室氣體變多，使得溫室效應加劇，導致溫度上升。太陽系中的金星上溫度高達 $400°C$ 以上，其中大氣裡二氧化碳占了 95% 是一個很重要的原因。

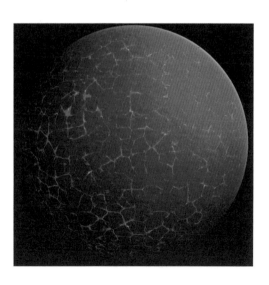

⊙──顧名思義，很少有反應的惰性氣體

1. 氦氣

　　氦氣在生活中比較常看到的是用來填充氣球，但其實在醫療以及研究上也有非常大的用途，液態氦的溫度可以達到 -269℃，已經接近物理上的理論最低溫，當初第一個超導體，就是因為液態氦的低溫而發現的喔！

2. 氬氣

　　氬氣是空氣中含量第三高的氣體，無色無味，幾乎不與其他物質反應，因此常用來保護一些容易氧化變質的物體，比如博物館中，一些收藏重要古物文件的保護櫃裡，就會添加氬氣，避免文物暴露在空氣中而氧化；半導體工業中，對矽和鍺的晶體純度要求都非常高，在製備時，就會以氬氣隔絕空氣，藉此提高純度。

3. 氖氣

　　氖氣常填裝在霓虹燈管中，通電後就會產生紅光，非常醒目。

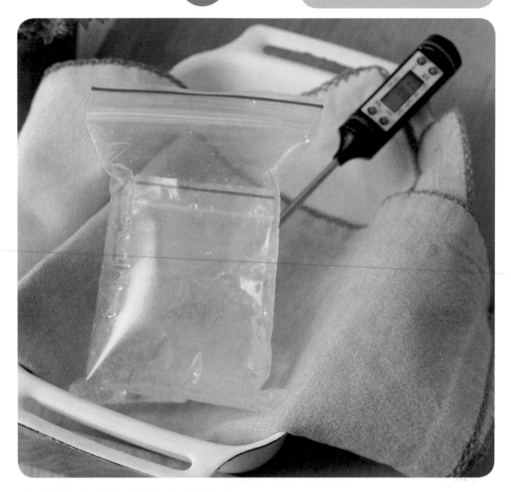

為什麼不用放冰箱也會變冷？

　　小蘇打和檸檬酸是生活中常使用到的藥劑，在食品烹飪時，小蘇打可以當作發粉，檸檬酸更是許多飲料的酸性調味劑。小蘇打碰到檸檬酸時，會產生二氧化碳，使袋子膨脹；此外，因為兩種物質之間，必須吸收熱量來將粒子分開，溶入水中，所以才會有冰冷的效果喔！

好冷～

難易度 ★☆☆☆☆　　　　　家長陪同　　■必須　　□可自主

配合學校課程　　**8 年級上學期　第 2 章　認識物質的世界**

● 實驗材料

1. 大夾鏈袋　　2. 小夾鏈袋　　3. 小湯匙　　4. 小蘇打　　5. 檸檬酸

● 實驗步驟

1 在小夾鏈袋中裝入一匙檸檬酸。

2 在小夾鏈袋中加入一些水並封緊。

3 在大夾鏈袋中裝入兩匙小蘇打。

4 在大夾鏈袋中加入一些水，並把小夾鏈袋放入後封緊。

5 將小夾鏈袋壓破，使中間的檸檬酸水溶液流出。

6 觀察檸檬酸水溶液和小蘇打接觸之後的反應。

生活小教室

● 組合相同，用途大不同！

檸檬酸水溶液

小蘇打粉

市面上按了會爆炸的地雷包，就是用小蘇打和檸檬酸造成的效果。

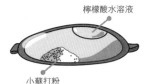

泡澡球，小蘇打和檸檬酸是製作清潔劑、泡澡球的材料。

發泡錠，發泡錠中含有小蘇打和檸檬酸，丟入水中後，兩種物質溶於水，便會反應產生二氧化碳。

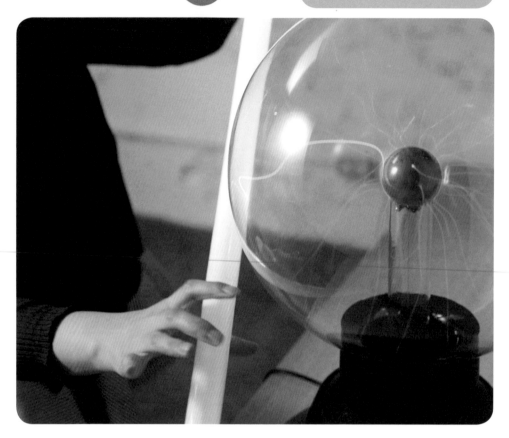

為什麼日光燈沒插電也能亮？

　　電漿球內有一個回掃變壓器，可以將電壓提高到 3 萬伏特以上，這樣的高壓會使得玻璃球內的惰性氣體氦、氖、氪、氙（不同氣體，顏色會有所不同）的電子發生躍遷，電子回復原來狀態的過程中，便會釋放出光芒。而手貼上去時，因為人是導體，所以裡面的電便會往比較好通電的我們傳遞過來，就像有一條電通到我們手上一樣。日光燈內有填充汞蒸氣，當汞蒸氣受到電漿球的高壓，汞的電子便會躍遷，放出紫外光，燈管內的螢光物質吸收紫外光後，進而發出白光。

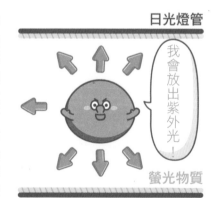

日光燈管

我會放出紫外光！

螢光物質

難易度 ★☆☆☆☆　　　　　家長陪同　　□必須　　■可自主

實驗材料

1. 壞掉的日光燈管　　2. 電漿球　　3. 手套

實驗步驟

1 將電漿球插上電後，用手觸摸電漿，觀察電漿球的變化。

2 戴上手套。

3 拿廢棄日光燈管，靠近電漿球，觀察日光燈管的變化。

4 移動日光燈管，改變燈管與電漿球的距離，觀察燈管的變化。

還有哪些氣體會發亮？

生活小教室

● 氣體燈

在生活中，有許多的光源都是利用高電壓來供給燈泡內的氣體能量，藉此放出光芒，除了常見的霓虹燈之外，還有水銀燈、金屬鹵化燈、低壓鈉燈、高壓鈉燈等，這些氣體燈比傳統鎢絲燈泡亮度都還要高，在許多需要大型照明的地方，例如：機場、倉庫、運動場等，都會使用這類燈泡。

● 極光

太陽所發出的太陽風抵達地球時，其中的電子會因為地球磁場而向兩極移動，電子在兩極和氮與氧碰撞時，會使得氮和氧的電子躍遷，而發出極光，顏色會視碰撞的電子能量來決定。氧的極光顏色是綠色、褐紅色；氮的極光顏色則是藍色、紫色、或紅色。

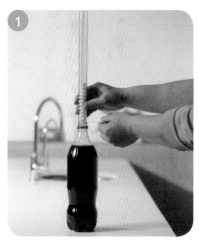

可樂做的噴泉

　　可樂裡有許多用高壓壓進去的二氧化碳，這種狀態的二氧化碳並不穩定，會想釋放回空氣中，當二氧化碳要回到空氣中時，如果加入核種來幫助它，可以加快二氧化碳的釋放，這種現象就叫成核效應。核種可以是凹凸不平的表面或是二氧化碳本身這種小粒子，成核現象常發生在固、液或氣三態轉變的時候。

快黏上去！　　　　曼陀珠上有好多小孔～

CO_2

曼陀珠 CO_2

難易度 ★★☆☆☆　　　　　　家長陪同　　□必須　　■可自主

實驗材料

1. 可樂　　　2. 曼陀珠　　　3. 白紙

實驗步驟

1　將可樂瓶打開。

2　將白紙捲成柱狀。

3　拿一把尺擋住瓶口，將紙柱放在尺上，並丟入曼陀珠。

4　快速抽開直尺，使曼陀珠掉入，觀察可樂噴發高度。

常見的成核現象

生活小教室

❶ 雲、雨和霧的產生都與成核現象有關。

❷ 煙囪上的黑煙、柴油車排出的黑煙等是因為燃燒所產生的微粒聚核所產生。

❸ 糖鹽等結晶，在結晶的過程中，可以利用成核現象來控制結晶的大小。

❹ 人造雨可以利用噴灑碘化銀等微粒當作核種，來加速雲中的水氣凝結成水。

LESSON 4

創意玩科學

聲與光

聲音和光在許多地方都非常的相似,有許多「聲音」的現象性質,都可以在觀察「光」時發現,因為光和聲音都擁有波的行為,所以這兩個單元只要一起融會貫通,就會學習得更順利喔!

電話響了,美美接起電話,聽到聲音她便知道是爸爸打來的,掛掉電話之後,她突然想到,為什麼每個人的聲音都不一樣呢?

Lesson 5

科學好好玩 ⑬：
動感聲波

因為空氣分子是看不到的，所以我們很難看到聲音波動的樣子，但只要利用透明塑膠管和非常輕的保麗龍球，就可以顯現出波的形狀喔！

科學好好玩 ⑭：**加油大聲公**

發出聲音的方法有許多種，但最主要是讓物體產生震動，利用隨手可得的「小」東西組裝，來發出超大的聲音吧！

科學好好玩 ⑮：**自製黑膠唱片機**

黑膠唱片是過去儲存音樂最主要的工具，但如今已經很難得聽到黑膠唱片了。在這個實驗中，我們用一張紙和一根針的組合，就可以重現黑膠唱片悅耳的聲音。

Lesson 6

科學好好玩 ⑯：
針孔相機

你知道最初的相機只是用一個小洞，就可以呈現想要的圖像嗎？在這個實驗中，我們要自己動手做簡單的相機，體會以前宮廷畫師，幫國王畫像時，所看到的影像。

科學好好玩 ⑰：**自製顯微鏡**

光學顯微鏡是透過顯透鏡來放大肉眼難以觀察的物質，這樣精密的儀器，沒想到在家也可以做，只要用兩張卡紙和小玻璃珠就行了。

科學好好玩 ⑱：**浮空投影**

3D 看起來非常酷炫，製作也沒有想像中困難，只要用塑膠片和手機，就能自製立體投影。

Lesson 5

有氣才大聲！
聽得到聲音的祕密

無論是說話的聲音、鳥叫聲、鋼琴聲、敲門聲、電鈴聲、喇叭聲等，聲音的產生都是來自物體的震動。大家可以試試看以下方式感受聲音的震動：

● 說話時輕摸喉嚨。

● 敲擊裝水的玻璃杯。

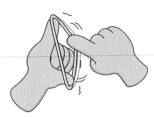

● 撥動橡皮筋。

● 為什麼太空中沒有聲音？

　　聲音必須透過介質來傳遞，在 17 世紀時，科學家波以爾做了一個實驗，他將鬧鈴放在一個密閉容器中，再將容器內抽成真空，便發現鬧鈴的聲音愈來愈小，直到最後聲音幾乎完全消失，證實了聲音必須透過介質來傳遞。

波以爾的實驗

❶ 他將鬧鈴放在玻璃罩內響起。

❷ 慢慢的抽掉玻璃罩內的空氣，聲音慢慢減小。

❸ 空氣抽完後便發現聲音消失了。

　　一般來說，聲音是透過介質的粒子來傳遞，因此愈密的物質，傳遞聲音的效果愈好，通常固體傳遞聲音的速率會大於液體，液體又大於氣體；另外，溫度愈高，傳遞聲音的速率也愈快。

●─聲音長什麼樣子？

　　聲音透過空氣傳遞時，物體的震動會帶動空氣反覆振動，使空氣產生一個疏密的波形，我們稱為聲波，聲波和波動一樣，擁有振幅、頻率和波長等性質，來表達聲音的特性。

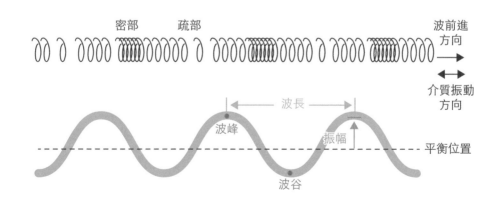

密部　疏部　　　　　　　　　　　　　波前進方向

介質振動方向

波長

波峰　　振幅　　平衡位置

波谷

● **波峰**：波的最高點　　● **振幅**：平衡位置到波峰或波谷的距離
● **波谷**：波的最低點　　● **波長**：波峰到波峰或波谷到波谷的距離

◉— 是誰在說話？

　　我們描述一個聲音，通常以聲音大小、音調的高低以及聲音音色來分辨，而決定這三種聲音要素的就是波的振幅、頻率以及波形。

聲音的大小（響度）

　　聲音的大小是透過聲波的振幅來決定，振幅愈大代表聲音的響度愈大，聽到的聲音也就愈大聲，我們通常會用響度來描述聲音的大小，單位為分貝（dB），分貝數愈大聲音愈大，每增加 10 分貝響度就增加 10 倍，所以 50 分貝聲音的強度是 40 分貝聲音的 10 倍，60 分貝是 40 分貝的 100 倍。

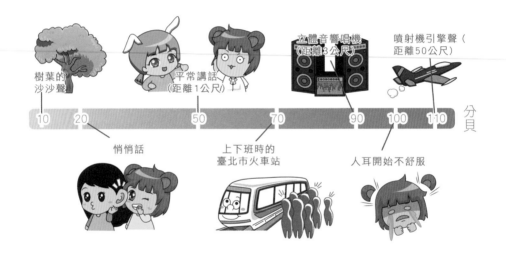

音調的高低

　　音調的高低決定於聲音的頻率，通常也就是發出聲音的物體所振動的頻率，如果一秒鐘振動的次數愈高，則聲音的頻率也就愈高，音調就高。一般來說，物體愈短、細、薄、繃緊，音調就會愈高；反之，長、粗、厚、鬆弛音調就愈低．我們一般成人能聽到的音調約 20 ～ 20,000 赫茲之間，但隨著年紀的變化，會有所不同。而超過 20,000 赫茲的聲波稱為超聲波，是我們人耳聽不見的範圍，常用來做醫療上的檢查或聲納等功用。

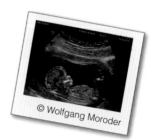

© Wolfgang Moroder

聲音的音色

　　我們如何從電話中，分辨出打電話來的人是誰呢？又或者是在一場演奏會中，我們是怎麼分辨出各種樂器的聲音呢？這都是依靠聲音的音色來做區分，不同物體發出的聲波波形都不一樣，因此我們可以透過不同的音色來分辨聲音。

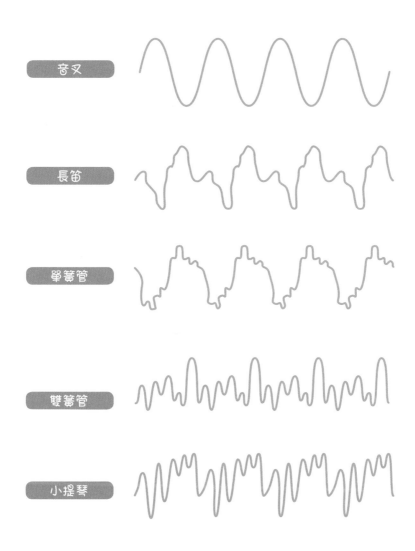

音叉

長笛

單簧管

雙簧管

小提琴

用聲波推動保麗龍！

兩個相同頻率、相同振幅，但反方向行進的波，會形成駐波，肯特管就是聲波在管中形成駐波，又因為小保麗龍球非常輕，因此會被聲音駐波的振動給帶起，排列出波的形狀。

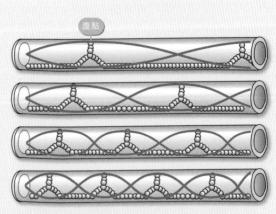

腹點

形成駐波時，保麗龍球被推擠成波形，被推上來處稱為節點，此處的空氣會靜止不動。

難易度 ★★☆☆☆   家長陪同   □必須   ■可自主

配合學校課程   **8 年級上學期　第 3 章　波**

實驗材料

1. 硬幣

2. 衛生紙

3. 橡皮筋

4. 塑膠管

5. 保麗龍球

6. 膠帶

實驗步驟

1 取一個塑膠管,把塑膠管其中一端以硬幣用膠帶封住。

2 將小保麗龍(直徑約 0.2 公分以下)倒入塑膠管中。

4 雙手握住包衛生紙的一邊,對著塑膠管發出聲音。發出聲音後,觀察小保麗龍球,會隨著聲音振動成為一片一片的波浪狀,還會前後移動。

3 塑膠管另一端用衛生紙包住,再用橡皮筋綁起來。

生活小教室

保證沒有吊鋼絲!聲波懸浮術

現在有聲波讓物體懸空的技術,因為聲波形成駐波時,駐波的節點會靜止不動,所以若是能把物體放在聲波駐波的節點中,就有機會讓物體抵消其重力而懸浮,稱為「聲波懸浮」技術,是在 1980 年代由美國 NASA 所發明的。

原來跟吹笛子的原理相同？

　　像笛子這類吹奏的樂器，大多是振動樂器管內的空氣來發出聲音，不同的指法，讓振動的空氣長短不同，因此就有不同的音調。

難易度 ★☆☆☆☆　　　　家長陪同　　□必須　　■可自主

配合學校課程　　**8 年級上學期　第 3 章 波**

 實驗材料

3. 吸管（粗、細各一根）

5. 氣球

1. 鑽子　　2. 剪刀

4. 養樂多瓶

 **實驗步驟**

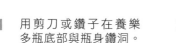

粗吸管要碰到氣球哦！

1 用剪刀或鑽子在養樂多瓶底部與瓶身鑽洞。

2 將粗吸管塞到瓶底的洞裡，並推至底部。

3 將氣球前端與後段剪下，用前端把養樂多瓶口包住，再用後段綁住。

吹氣

是不是會發出聲音呢？

4 將細吸管插入養樂多瓶身的洞裡，從細吸管吹氣。如果吸管與養樂多罐間有縫隙，拿黏土密封住即可。

● **破解！小瓶子大聲音的真相**

生活小教室

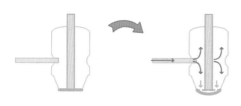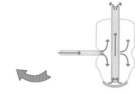

❶ 一開始大吸管頂住氣球皮。

❷ 吹氣進去時，會把有彈性的氣球皮推開。

❸ 氣球皮跟大吸管之間產生空隙，氣體流進大吸管跑出去。

❹ 裡面的壓力變小，氣球皮回到原本的位置。如此一直反覆，氣球皮就會一直振動發出聲音。

自製唱片機居然這麼簡單？

　　聲音是一種振動，黑膠唱片就是將聲音的振動，用凹槽記錄下來，這些凹槽隨著唱片轉動，經過唱針時，會讓唱針振動，再透過喇叭放大聲音，就可以聽到唱片中記錄的音樂了。

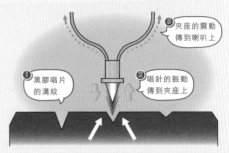

❸夾座的震動傳到喇叭上

❶黑膠唱片的溝紋

❷唱針的振動傳到夾座上

難易度 ★☆☆☆☆　　　　　　　　家長陪同　　□必須　　■可自主

配合學校課程　　**8 年級上學期　第 3 章　波**

實驗材料

4. 光碟片

1. 針　　2. 紙　　　3. 黑膠唱片　　5. 壓克力板　　6. 雙面膠　　7. 螺絲及螺帽

實驗步驟

1　將螺絲穿過壓克力板，背面用螺帽鎖住。

2　背面黏雙面膠，將壓克力板固定在桌面。

3　光碟片穿過螺絲。

4　放上黑膠唱片。

5　將針黏在紙的邊邊，露出針頭並把紙捲成喇叭狀。

6　把針斜放在唱片上，另一隻手旋轉唱片，聽聽看有沒有音樂產生呢？

日新月異的留聲技術

生活小教室

● 卡式錄音帶

© 吉恩

1966 年，卡式錄音帶發行，變成了黑膠唱片的對手。卡式錄音是將聲音儲存在磁性膠片帶中，後來隨著卡帶隨身聽出現，便慢慢取代了黑膠唱片。

● CD 片

© Arun Kulshreshtha

CD 片上也有許多凹槽，但 CD 是用光去讀取，因為光可以準確地讀取資料，所以凹槽能夠做的很小，讓一張光碟片就可以儲存非常多的資料，從此黑膠唱片及卡式錄音帶就漸漸的被取代了。

6

它決定我們看見什麼！
光的魔法

在我們日常生活中，透過看見光源或是反射的光線，我們才能看到物體，而光線在前進的過程中，依靠著光的特性，所以產生了影子、反射、折射等現象。

●—直直往前走！不會轉彎的光

　　光在前進的過程中，如果沒有遇到任何的阻礙物，就會朝同一方向持續前進，但如果光線被物體擋住，影子便會出現。

我們被擋住了，但是我們不會轉彎！

● 白天在馬路上產生的影子，就是太陽光被擋住所產生的。

我沒有被擋住，所以地板亮亮的！

●—沒有光線反射就看不見？

　　物體在反射光源的光線後，進到我們眼睛，我們就可以看見東西；此外，鏡子、湖面和湯匙等表面光滑、反射率高的物質，更能將畫面反射，讓我們看到成像和倒影，光線在反射時，必須遵守反射定律。

我在空氣中奔跑，遇到水會反射。

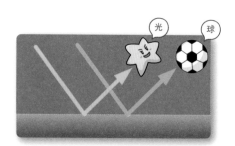

光　　球

當光線照射的地點為凹凸不平的表面時，會造成光線朝向各個方向反射的現象，這個現象稱為「漫反射」或「漫射」。上課時，全班都可以看到黑板，也是漫反射的功勞喔！所以如果教室的黑板使用過久，造成表面太過光滑，就會造成教室裡面某些同學看不見黑板！

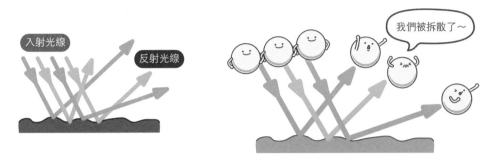

讓吸管在水裡扭曲的魔法

光線在穿透不同的介質時，會因為光在這些介質中傳遞的速率不同，而產生折射的現象，使得光前進的路線發生改變，比如我們在水杯中插入吸管，會發現吸管好像變得歪歪的，好像斷掉一樣，這就是因為光的折射現象所造成的。

● 光在不同介質中傳遞的速率皆不同。當光從空氣中射入到水中時，光會朝水面偏折，吸管看起來就歪了。

◉─ 光不是透明的嗎？

　　在生活中，有時可以發現透過水或是泡泡太陽光會變成許多種顏色，這是因為太陽光大致上是由紅、橙、黃、綠、藍、靛、紫等 7 種顏色所組成，在 17 世紀時，科學家就利用三稜鏡將太陽光分開，證實了光的組成。

　　白光可以用紅、綠、藍三種光源疊加出來，而這三種光也可以調整比例，搭配最多種的顏色，且這三種光也無法用其他的光源來合成，因此紅、綠、藍三種光被稱為光的三原色。

● 三稜鏡色散

● 泡泡

● 光的三原色

◉─ 什麼顏色都是光說了算？

　　物體的顏色是由反射出來的光線所決定，比如白色的紙會反射所有顏色的光，因此在日光燈下呈現白色，但如果用紅光照射就會呈現紅色；黃色的物體在日光燈下，只會反射黃光，將其他顏色吸收，所以只能看見黃光喔！

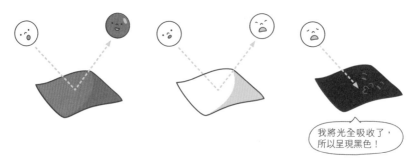

我將光全吸收了，所以呈現黑色！

● 紅紙只能將紅光反射；白紙能將光全部反射；黑紙會將光線全部吸收，所以呈現黑色。

科學好好玩 ⑯ ── 針孔相機

相機原來是這麼一回事

　　物體經光線照射後，會反射出許多方向不同且直線前進的光，其中有一道光線前進的角度，剛好會穿過小孔，抵達屏幕上，這時就會在屏幕上形成上下顛倒，左右相反的像，因此又稱為針孔成像。

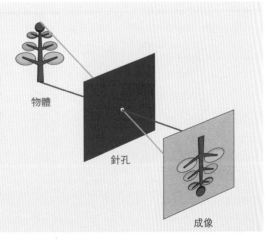

物體

針孔

成像

難易度 ★★☆☆☆　　　　　家長陪同　　□必須　　■可自主

配合學校課程　　**8 年級上學期　第 4 章　光**

● 實驗材料

2. 雙面膠

4. 放大鏡片

1. 鑽子

3. 描圖紙

● 實驗步驟

1　準備大小兩個長型紙盒。

2　將小紙盒的兩端剪去，其中一端用雙面膠貼上描圖紙。

3　將大紙盒一端剪去，另一端中心挖出一個圓。

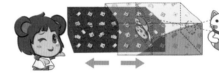

4　把菲涅耳放大鏡貼在圓洞上。

5　將小紙盒貼描圖紙的那端，插入大紙盒中，調整遠近觀察影像。

生活小教室

● 像箱子一樣的古早相機

相機在以前又稱為暗箱（Camera obscura），意思是指黑暗的房子，以前的人在房子的牆上開一個小洞，讓外界的光進入黑暗的房中，就可以將外面的景象投射在房中，這種現象稱為針孔成像，也是促使相機發明的原理，後來因為透鏡的使用，才讓相機的體積縮小到我們可以隨身攜帶的大小。

在 15 世紀時，畫家用針孔成像將影像投影在畫布上來描繪，可以將圖像畫得更精準，直到後來研究感光材料發明了相紙，將相紙放進暗箱的成像處，拍出了現代的第一張相片。

●—科學好好玩 17 ●— 自製顯微鏡

玻璃珠也可以當顯微鏡

　　單式顯微鏡是利用物質的折射效果來將物體放大，像玻璃珠、水和塑膠等，都是日常生活中可以用來放大的材質。而常見的顯微鏡是複式顯微鏡，是利用目鏡和物鏡兩片凸透鏡來呈現兩次放大的效果，物體先經過物鏡第一次放大，再經過目鏡進行第二次放大。

第二次的透鏡成像　　　第一次的透鏡成像

物鏡　　　目鏡

難易度 ★★★☆☆　　　　家長陪同　　□必須　　■可自主

配合學校課程　　**8 年級上學期　第 4 章　光**

●──實驗材料

2. 透明膠帶

1. 賽璐璐片

3. 剪刀

4. 小錐子

5. 膠水

6. 小葉子或頭髮

7. 兩張卡紙

8. 小玻璃珠
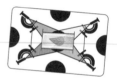

●──實驗步驟

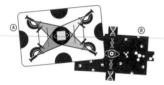

1 準備 A 與 B 兩張卡紙，將 A 卡中間挖空。

2 把要觀察的小葉子或頭髮放在賽璐璐片中，用膠帶黏平整。

3 再把黏有小葉子或頭髮的賽璐璐片固定在 A 卡中。

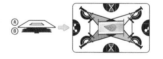

4 將 B 卡中心的位置點用錐子戳一個小洞，再用膠水黏玻璃珠塞入小洞。

5 A 卡疊在 B 卡上，將 B 卡的玻璃珠對準 A 卡待觀察的物體。

6 眼睛從 A+B 卡背面透過玻璃珠觀察看看，發現了什麼？

●──世界上第一支複式顯微鏡

生活小教室

　　世界上第一支複式顯微鏡是由荷蘭的眼鏡匠詹生所發明，他將兩片凸透鏡固定在一個可伸縮的管子兩邊，可以前後拉伸，最大可以放大到 10 倍左右。

不用電腦特效就能浮起來！

　　浮空投影是利用塑膠片的反射，將手機的圖像反射到我們眼中，只是因為我們的大腦無法判斷光線是如何反射轉變路徑的，所以看起來就像眼睛前方有一個浮在空中的圖像。

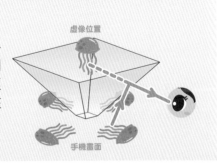

虛像位置

手機畫面

難易度 ★★☆☆☆　　　　家長陪同　　□必須　　■可自主

配合學校課程　**8 年級上學期　第 4 章 光**

3. 較厚的透明塑膠片

1. 智慧型手機　　2. 影像投影器展開圖　　4. 剪刀或刀片　　5. 膠帶

● **實驗步驟**

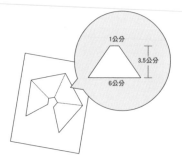

1　利用右頁的影像投影器展開圖。

2　把透明塑膠片放在展開圖上描繪邊線。

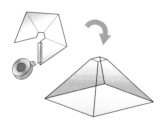

3　沿著實線割下展開圖，再沿著虛線摺成金字塔狀，用透明膠帶黏起來。

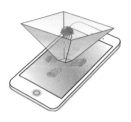

4　用手機播放專用影片，並將做好的影像投影器以漏斗狀立在螢幕中央。在暗處就可以看見投影器內出現的影像囉！

影像投影器展開圖

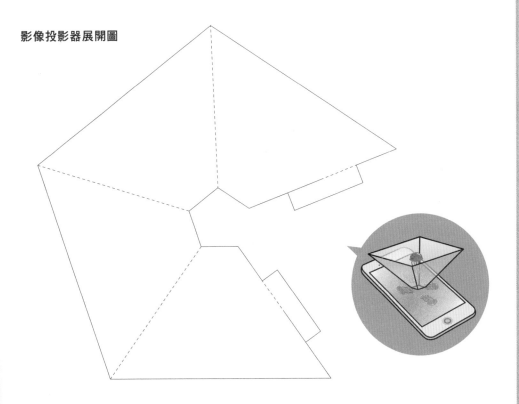

3D 又是什麼原理？

　　我們可以透過特殊眼鏡或是觀察技巧，從影像或是圖片中，看到浮凸出的立體影像，主要是因為兩眼之間有 6～7 公分的距離，看到的影像會有些不同，大腦便會將兩種影像組合成立體影像。

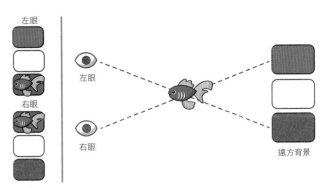

左眼

右眼

左眼

右眼

遠方背景

創意玩科學
熱與熱的傳導

熱充斥在我們的生活中，烹飪、電器使用、洗熱水澡、食物消化等，可說是無所不在，在八年級理化中，熱的觀念和計算也是非常重要的，在這些實驗中，我們會從不同的角度來學習熱的概念。

假日的時候，爸爸說要煮厲害的火鍋給小明吃，但桌上沒有鍋子，只擺著一個看起來用紙做成的容器，爸爸說今天的火鍋是要用紙來煮，小明嚇了一跳，難道紙不會燒起來嗎？

Lesson 7

科學好好玩⑲：
自製溫度計

溫度計是居家常備用品之一，溫度計為什麼可以
測量溫度呢？在這個實驗中，透過酒精體積的熱
漲冷縮，就可以了解溫度計的簡單原理。

科學好好玩⑳：**燒不破的紙鈔**
紙張非常容易燃燒，一點就燃，但為什麼可以燒，
卻燒不破呢？

科學好好玩㉑：**洋芋片火種**
食物的熱量是人賴以維生的能量，但是光從食品
包裝上看到多少卡路里，無法很直接地或間接地
觀察到熱量。所以，讓我們試試看把洋芋片拿來
燃燒吧，保證讓你驚訝喔！

Lesson 8

科學好好玩㉒：
紙火鍋

紙火鍋是時下非常夯的一種吃的科學，為什麼把
紙碗放在火上不會燒起來，還可以煮火鍋呢？

科學好好玩㉓：**熱水往上流**
透過染色素的冷水和熱水，我們可以觀察到水的
對流，也可以看到熱水因密度小很明顯地漂浮在
冷水上，不會混和在一起。

科學好好玩㉔：**雷射筆射氣球**
為什麼夏天穿黑色衣服感覺特別熱？透過用雷射
筆加熱黑色和其他顏色的氣球，來了解熱輻射的
特性吧。

Lesson 7 紙燒不掉，洋芋片卻燒很大？溫度與熱量的真面目

溫度是用來表示物體冷熱的物理量，當物體吸收或放出熱量時，溫度就會發生變化，隨著溫度的變化，物體也會有不同的狀態與特性，通常會使物體的體積大小、軟硬程度，甚至顏色發生改變。

● 溫標有三種，攝氏、華氏、凱爾文

1. 攝氏溫標

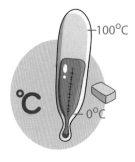

在一大氣壓下，攝氏溫標是以 0℃為純水的凝固點、100℃為純水的沸點，目前為止，攝氏溫標為全世界最普遍使用的溫標，臺灣也是使用此溫標。

2. 華氏溫標

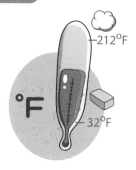

在一大氣壓下，以 32 ℉為純水的凝固點、212 ℉為純水的沸點，中間為 180 等分。此溫標為德國的科學家，華倫海特所定義。

3. 絕對溫標（K）

又稱為凱爾文溫標，為溫度的國際標準單位。0℃＝絕對溫度 273.15。攝氏溫度每上升一度，絕對溫度就上升一度；絕對零度是熱學的最低溫度，也就是目前理論上的最低溫度，此時低到連原子都會停止運動喔！

溫度計百百款，較常見的有哪些？

溫度計種類	溫度量測原理	精準度	測量部分
酒精／水銀溫度計	酒精／水銀體積的變化	中	生活中量測溫度
液晶溫度計	液晶顏色改變	低	水族箱
電阻溫度計	金屬電阻改變	高	實驗室精密量測
氣體溫度計	氣體的膨脹	高	實驗室精密量測
伽利略溫度計	物質密度變化	低	生活中量測溫度
紅外線溫度計	測量紅外線轉成溫度	中	測量體溫

生命中不可缺少的熱量

熱量的來源有許多種，比如太陽放出的熱，燃燒物質放出的熱，消化食物放出的熱等，透過這些熱量，我們可以將食物煮熟，維持我們的體溫，使地球上的生命可以生存。

1. 太陽的熱輻射。　　　　2. 物質燃燒放出的熱。　　　　3. 食物在肚子內消化。

在日常生活中，除了太陽給我們溫暖之外，在人體內也需要許多的熱量，來維持體溫或保持身體機能，而人體內所需的熱量來源，就是食物中的醣類、蛋白質以及油脂。一般來說，1 公克蛋白質可以提供 4 大卡熱量；1 公克油脂可以提供 9 大卡熱量；1 公克醣類可以提供 4 大卡熱量。

而我們每天需要多少能量？每人一天都有基礎代謝量，也就是指一個人躺在床上一整天都不動，仍然會消耗的最低熱量。再根據個人每天活動所消耗的熱量，就可以推算一天大約需要多少熱量。算算看，你一天需要多少熱量呢？

● 我們可以透過衛福部的網站來試算一天需要多少熱量！

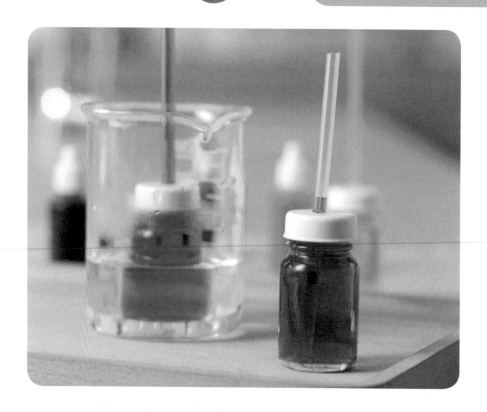

溫度計為什麼能測量溫度？

　　物質溫度變化時，內部小粒子的距離會改變，溫度上升，分子的距離變大，物質的體積也變大；溫度下降，物質的體積會變小。這就是我們常聽到的熱漲冷縮，而溫度計就是利用酒精膨脹後，在管內爬升，來表示溫度。

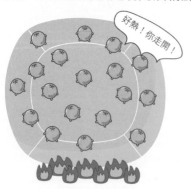

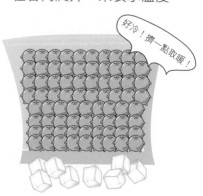

難易度 ★★★☆☆　　　　　　家長陪同　　口必須　　■可自主

配合學校課程　　**8年級上學期　第5章　熱**

LESSON 7

● **實驗材料**

1. 染色酒精　　　2. 玻璃瓶　　　3. 玻璃管

● **實驗步驟**

1 將染色酒精加入玻璃瓶中。

2 蓋上蓋子，並將玻璃管插入。

3 觀察玻璃管中的染色酒精。

4 將瓶子放入熱水中，觀察玻璃管中的染色酒精。

5 將瓶子放入冷水中，觀察玻璃管中的染色酒精。

生活小教室

● **看得到、用得著的熱漲冷縮！**

在夏天因為膨脹而隆起的磁磚。

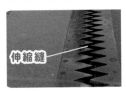

伸縮縫

橋梁上的伸縮縫，就是為了避免膨脹時，橋梁因擠壓而損壞。

壓扁的乒乓球只要沖熱水，就可以恢復原狀。

兩個杯子卡在一起，只要裡面杯子裝冰水，外面杯子泡熱水，就可以將杯子分開。

照片裡是玩具紙鈔，大家不要拿真的鈔票來燒喔！

燃燒的紙鈔為何平安無事？

　　酒精在燃燒時，溫度會上升，但酒精燃燒放出來的熱，會有一部分被水吸走，使得紙的溫度無法到達紙張的燃點（約140℃），因此紙張無法燃燒。

難易度 ★★★☆☆　　　　　家長陪同　　■必須　　□可自主

配合學校課程　　**8 年級上學期　第 5 章　熱**

實驗材料

6. 鑷子

1. 玩具紙鈔　　2. 酒精　　3. 食鹽　　4. 溼抹布　　5. 打火機　　　　　　7. 杯子

實驗步驟

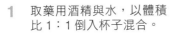

1　取藥用酒精與水，以體積比 1：1 倒入杯子混合。

2　加入少許食鹽（NaCl）進水溶液中，可讓火焰看得更清楚。

3　將玩具紙鈔前三分之一浸入加鹽的酒精水溶液，浸溼後以鑷子將玩具紙鈔取出。

4　以火焰點燃玩具紙鈔溼潤處，即可呈現紙鈔著火現象。

5　火焰熄滅之後，玩具紙鈔完好如初，完全看不出有被燒過的痕跡。

燃燒三元素

生活小教室

heat 熱
oxygen 氧氣
fuel 燃料
chain reaction 連鎖反應

　　物質的燃燒需要三種要素，可燃物、助燃物以及燃點，缺一不可，否則便無法燃燒。可燃物是指可以燃燒的物質，例如：紙張、木材、酒精等。最常見的助燃物為氧氣，若是在沒有助燃物的環境下，物體是無法燃燒的。燃點則是開始燃燒的溫度，每種物質都有自己的燃點，若是溫度沒有達到燃點，物體就無法燃燒。

為什麼洋芋片可以當火種？

　　食物中有許多的熱量，洋芋片在製作時，會經過脫水、油炸，經過油炸後的洋芋片，除了本身的澱粉外，還多了高熱量的油脂，因此只要一點燃，便可以一直燃燒。

難易度 ★★☆☆☆　　　　　　　家長陪同　　■必須　　□可自主

配合學校課程　**8 年級上學期　第 5 章　熱**

實驗材料

2. 陶瓷纖維網

4. 烤肉夾

6. 鋁箔紙

8. 洋芋片

1. 三角架

3. 燒杯

5. 溫度計

7. 打火機

實驗步驟

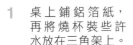

1　桌上鋪鋁箔紙，
再將燒杯裝些許
水放在三角架上。

2　用烤肉夾夾洋芋
片，放在三角架
下燃燒。

3　用溫度計觀察燒
杯內水的溫度變
化。

還有哪些食物可以燃燒？

生活小教室

　　除了洋芋片外，有許多食物本身就富含油脂，也可以代替洋芋片
當作火種喔！

花生　　　　　　　堅果　　　　　　　月餅　　　　　　　香腸

用紙碗也能煮火鍋！
超神奇的熱傳播

熱的傳播是由高溫往低溫傳，直到溫度平衡為止，不同的物質，傳遞熱的方式皆不同，傳播的方法分成三種，熱傳導、熱對流以及熱輻射。

●─煮菜常用的熱傳導

　　煮東西時，鍋子的熱量會經由鍋子傳到手上，使我們感覺到熱，這個過程便是「熱傳導」的現象。熱傳導必須經過物質當作媒介，將熱能傳送過去。一般而言，金屬的熱傳導能力會比非金屬還要好，所以在需要導熱快速的地方會使用金屬材質來製作，例如：鍋子、電腦外殼等。

非金屬導熱慢　　金屬導熱較快

有介質我們就可以跑過去！

● 熱傳導必須經過物質當作媒介，將熱能傳送過去。

● 傳送熱能的能力與傳送的材質有關。

●─冷氣其實是熱對流

　　氣體和液體在流動時，本身就會帶著熱量一起移動。當水的溫度上升後，密度會降低，造成溫度高的水往上升，而水離開所造成的空缺，由旁邊的水來遞補，造成水的流動，此現象稱為對流現象。

我只要在你身上你就要帶著我一起跑～

冷空氣受熱

好熱！

咦？怎麼
輕飄飄的～

熱空氣的流動也相同，溫度上升時，因為熱漲冷縮，所以氣體的體積會變大，使得熱空氣密度變小而浮起，這就是為什麼我們常聽到熱空氣上升、冷空氣下降的原因。

●─ 無所不在的熱輻射

第三種導熱的方式稱為「輻射」，輻射不需要任何介質便可以傳遞，例如：太陽的熱。熱輻射其實是一種電磁波。溫度愈高，散發出來的輻射能量愈強；溫度愈低，散發出來的輻射能量愈弱。當物質散發出來的輻射小於接收的輻射，物質的溫度便會開始上升。且深色系的表面容易吸收輻射，也容易放出輻射；表面粗糙的物質也較容易吸收輻射。

我的熱情宅配到府，不需要超商取貨喔！

● 溫度愈高，散發出來的輻射能量愈強。　● 溫度愈低，散發出來的輻射則愈弱。

神奇的紙火鍋

　　紙的燃點大約在 130℃ 左右（不同的紙張會有差異），但是水的沸點為 100℃。烹煮過程中，多餘的熱會被水蒸氣帶走，所以紙火鍋不會燃燒，但若鍋中液體蒸發完，紙火鍋就會燃燒。

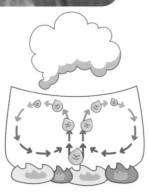

難易度 ★★★☆☆　　　　　　家長陪同　■必須　□可自主

配合學校課程　**8 年級上學期　第 5 章　熱**

實驗材料

1. 紙　　2. 泡麵　　3. 竹筷　　4. 氣球　　5. 酒精燈組

實驗步驟

半碗水

1　將紙摺成容器狀，裝半碗水後加入泡麵。

2　直接使用酒精燈組加熱紙火鍋，紙不會燒起來喔！

水

3　試試看將氣球裝水加熱，氣球會不會破掉呢？

生活小教室

常見的熱傳導

© mc559

熱傳到鍋子上，使溫度升高，煮熟食物。

沙子的高溫，將栗子煮熟。

熨斗燙衣服。

羽絨衣可以隔絕溫度散失。

原來是密度！

　　熱水溫度較高，密度較小，所以會往上流，冷水則往下降。但是如果一開始熱水就在上方，就不會發生對流的情況喔！

難易度 ★★★★☆　　　　　家長陪同　　■必須　　□可自主

配合學校課程　　**8 年級上學期　第 5 章　熱**

LESSON 8

● 實驗材料

1. 玻璃瓶兩個　　2. 色素　　3. 塑膠片

● 實驗步驟

1 將玻璃瓶分別裝入冷水和熱水。

2 在熱水裡滴入色素。

3 用塑膠片蓋住熱水瓶口，把瓶子疊到冷水瓶上，口對口。

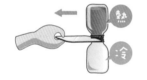　　　　　

4 慢慢抽掉塑膠片觀察。

5 試試看如果是冷水瓶在上面呢？

生活小教室

● 冷高暖低，熱對流的特性

　　因為熱往上、冷往下的特性，冷氣安裝在高處，冷空氣會往下吹使房間涼爽；暖爐則通常靠近地面，熱空氣會往上流、溫暖房間。

暖爐通常在靠近地面的地方。

冷氣安裝在高處。

愈黑愈好破！

黑色是容易吸收輻射的顏色，雷射筆的能量打在黑點上，會被黑點吸收，使得溫度升高，讓氣球破掉。

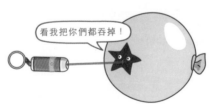

看我把你們都吞掉！

難易度 ★★★☆☆　　　　　家長陪同　　■必須　　□可自主

配合學校課程　**8 年級上學期　第 5 章　熱**

● ━ **實驗材料**

1. 氣球
2. 奇異筆
3. 藍光雷射筆

● ━ **實驗步驟**

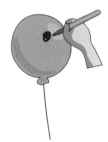

2 用雷射筆對準黑點，氣球發生了什麼事呢？

3 觀察如果用不同顏色的氣球，但不用奇異筆塗黑點，氣球是否會破掉？

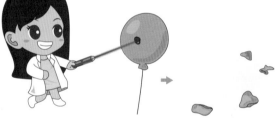

1 將氣球灌滿氣，用奇異筆在上面塗上黑點。

生活小教室

● ━ **還有哪些熱輻射？**

❶ 白色的衣服會把輻射彈開，所以夏春季多為淺色服裝；而黑色的衣服會吸收輻射，所以秋冬服裝會以深色為主。

我不會熱～

我好熱！

輻射

輻射

❷ 平滑的表面容易反射輻射，將熱能保存在內部。

❸ 耳溫槍透過量測人體的輻射來測量溫度。

創意玩科學
溫度與三態變化

延續上個月的學習內容，熱對物質的影響有非常多，除了三態變化，還會產生新的物質，透過膨糖、熱冰以及自製霜淇淋等實驗，除了可以加深對小蘇打粉的應用外，還可以更了解吸熱與放熱的原理。而除了水的三態之外，我們也要來看看生活中還有哪些三態變化。

小美最喜歡吃霜淇淋，今天又吵著媽媽買給她，但媽媽說，我們自己來做霜淇淋，簡單、便宜又健康。小美不敢相信，真的可以自己做嗎？那就可以天天吃啦！

Lesson 9

科學好好玩㉕：胖胖膨糖

膨糖是一種古早味的零食，許多人都吃過，但沒想到其中也包含了科學原理！

科學好好玩㉖：熱冰

市面上有一種可以重複利用的暖暖包，只要按下裡面的鐵片，暖暖包裡的溶液會開始結晶，並且放熱，那裡頭的材料就是熱冰，我們可以藉此觀察到從液體變固體過程中的熱量變化。

科學好好玩㉗：自製霜淇淋

一般的印象中，霜淇淋必須靠冷凍庫或製冷機才能完成，但其實用冰塊和鹽巴，就可以做出霜淇淋了！

Lesson 10

科學好好玩㉘：自製乾冰

用高壓的二氧化碳滅火器就可以製作乾冰！用枕頭套將低溫二氧化碳留住，觀察氣體變固體的凝華現象。

科學好好玩㉙：隔空點蠟燭

蠟燭在燃燒時，燒的究竟是蠟還是蠟油呢？其實都不是。蠟燭真正在燒的是蠟蒸氣，透過點燃蠟燭熄滅後的白煙，就可以看見隔空點蠟燭的神技！

科學好好玩㉚：自製瓶中雪

瓶子裡居然會下雪？利用苯甲酸變成蒸氣後冷卻的現象，把如同雪花般飄落的美麗結晶收藏起來！

9

急凍！
超快速的溫度變化

在自然界中，有各種不同的反應，例如：冰塊融化成水、水蒸發成水蒸氣、鐵釘生鏽、酸性和鹼性物品的中和等。在這些反應當中，常常會伴隨著熱量的變化，所以我們可以將這些反應分為吸熱反應和放熱反應兩種。

● 吸熱反應：吸熱反應會把熱量吸走，造成周圍的溫度降低，例如：冰塊融化。

● 放熱反應：放熱反應在進行時，會不斷的將熱量排出，造成周圍的溫度上升，例如：燃燒反應。

●──自然界的控溫大師

　　當物質在吸收或放出熱量時，就會產生溫度的變化，不同物質溫度變化的快慢皆不同，有些物質吸收熱量，溫度上升的快；反之，有些物質吸熱，溫度上升卻較慢。

● 水吸熱溫度上升慢；銅吸熱溫度上升快。

影響溫度上升快慢的因素稱為比熱，比熱是 1 公克的物質上升 1℃所需的熱量，以水來説，水的比熱為 1 卡／公克·℃，也就是 1 公克的水上升 1℃需要 1 卡的熱量。

常見的物質比熱

物質	比熱（卡／公克·℃）	物質	比熱（卡／公克·℃）
鋁	0.215	水	1
鐵	0.108	酒精	0.582
銅	0.092	丙酮	0.519

　　水的比熱為 1 卡／公克·℃，在自然界中屬於比熱偏大的物質，因此溫度難上升也難下降，很適合用來保暖或是冷卻。

熱水降溫較慢，可以倒進熱敷袋裡熱敷。

車子的引擎旁會有水箱，水箱的水可以幫助引擎降溫。

海洋中有大量的水，可以吸收大量的熱，不讓白天溫度上升太快；晚上則慢慢放出熱量，讓溫度慢慢下降，使得溫差不至於太大，而沒有海洋的月球，日夜溫差可以到達 270℃呢！

科學好好玩 25 · 胖胖膨糖

為什麼糖會膨起來？

　　將糖加熱到融化後，加入小蘇打粉，小蘇打粉因為吸熱而分解出二氧化碳，二氧化碳便會帶著正在冷卻的糖，向外膨脹，等到糖放熱冷卻凝固後，就是美味的膨糖了。

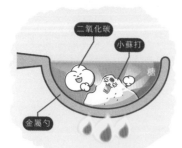

小蘇打受熱後，會分解出二氧化碳。　　　　二氧化碳向外擴散，使糖膨脹。

$$2NaHCO_3 \rightarrow Na_2CO_3 + CO_2 + H_2O$$

難易度 ★★★★★　　　　　　　　　家長陪同　　■必須　　□可自主

配合學校課程　　**8 年級上學期　第 5 章　熱**

實驗材料

6. 杯子

3. 手套　　5. 蛋白　　8. 鐵杯　　10. 布丁匙

1. 糖

2. 酒精燈組　　　　4. 水　　7. 攪拌棒

9. 小蘇打

實驗步驟

2 將糖加入一點水後加熱。

12克
x2

1 將 12 公克小蘇打和 2 個布丁匙的蛋白攪拌均勻備用。

3 加熱至沸騰後，輕輕攪拌至水分蒸發。

4 等稍微冷卻後，用攪拌棒沾黃豆大小的小蘇打＋蛋白加入，快速攪拌。

5 攪拌至糖開始膨脹後便停止，等待膨脹冷卻就完成了。

生活小教室

香噴噴、鬆軟軟的麵包

　　烹飪時所使用的發粉裡就有添加小蘇打，藉由小蘇打吸熱會放出二氧化碳的特性，將發粉加入麵包中，就可以在烤麵包時，利用分解出的二氧化碳，使麵包更蓬鬆可口。

不可思議！放熱結冰

　　熱冰是將過飽和醋酸鈉溶液，重新結晶析出，析出的過程中會放熱，並凝固為固體。

● **實驗材料**

2. 酒精燈組　　　4. 燒杯

1. 醋酸鈉　　　　3. 耐熱夾鏈袋　　　5. 水晶杯（含蓋子）

LESSON 9

● **實驗步驟**

1　醋酸鈉和水以 5：1 放入夾鏈袋中，再放入燒杯中，隔水加熱至完全溶解。

3　將醋酸鈉水溶液慢慢淋在杯蓋中的醋酸鈉上，觀察它的結晶狀況。

2　取出夾鏈袋，等溫度降低至溫熱，在水晶杯蓋上放上一顆醋酸鈉。

4　將水晶杯蓋上，美麗的仿製鐘乳石就完成了。

生活小教室

● **還有哪些東西會放熱？**

● 熱冰製作的重複式暖暖包。

● 物質燃燒。

● 水蒸氣凝結成水。

● 呼吸作用。

水＋鹽＝天然冷凍劑

　　鹽巴在溶解的過程中，會吸收熱量將鹽巴分解成鈉離子和氯離子，鈉離子和氯離子在水中會阻礙水的結冰，此時水會降到零度以下，都還不會凝固。而在霜淇淋製作的過程中，便可以將鹽巴撒在冰塊上面，使其溫度下降到約 -21℃，可以當作冷劑讓霜淇淋結凍。

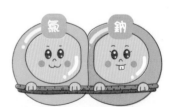

鹽巴（NaCl）就像是鈉和氯被一條線綁在一起，鹽巴溶解時，必須吸收熱量將線打斷，才能將鈉和氯分開。

難易度 ★★☆☆☆　　　　　　家長陪同　　□必須　　■可自主

配合學校課程　　**8 年級上學期　第 5 章　熱**

● 實驗材料

1. 有蓋密封罐（大、小各一）

2. 冰塊

3. 鹽巴

4. 手套

5. 膠帶

6. 煉乳

7. 牛奶

8. 蛋黃

● 實驗步驟

1　將牛奶、煉乳、蛋黃倒入有蓋的圓柱形密封罐（小）。

2　把小密封罐蓋上蓋子，外圍用膠帶密封，搖一搖。

3　小密封罐放入大密封罐中，並加滿冰塊，撒幾匙鹽巴（鹽巴和冰塊的比例 1：3 最好）。大密封罐蓋上蓋子，外圍用膠帶密封。

4　戴上手套，搖動密封罐。最後倒出霜淇淋即完成！

生活小教室

● 夏天到了，什麼絕對不能少？

那就是冷劑！可以用來降溫、保冷的物質或方法都可以稱為冷劑，在生活中可以常常看到冷劑的應用喔。

冰箱

冷氣

海鮮的保鮮

Lesson 10 不只昆蟲會變態？！差很大的物質三態變化

物質隨著溫度的不同，會有固、液、氣三種狀態，三種狀態不論體積、形狀都有屬於自己的特性。

固態

● 物質粒子之間的距離非常小，彼此互相吸引著，因此體積以及形狀都是固定的，並不會隨著容器而改變，例如：冰塊。

液態

● 物質粒子之間的距離較大，形狀會隨著容器而改變，但體積不會改變，例如：水。

氣態

● 物質粒子之間的距離非常大，形狀和體積都會隨著不同環境而改變，例如：空氣、水蒸氣。

●— 凝固、凝結、凝華，哪裡不一樣？

　　物質在不同溫度或壓力下時，會呈現不同的狀態，物質在這三種狀態之間不斷變化，例如：在高溫下，鐵會變成鐵漿，在約 2,800℃ 時，還會變成鐵蒸氣。

1. 物質固體和液體之間的變化：物質從液體變成固體的過程稱為凝固，從固體變成液體則稱為熔化。
2. 物質液體和氣體之間的變化：物質從液體變成氣體的過程稱為汽化，從氣體變成液體則稱為凝結。
3. 物質固體和氣體之間的變化：有些物質在日常生活中，會直接從固體變成氣體，並不會出現液體的狀態，例如：樟腦、乾冰。而固體變成氣體稱為昇華，從氣體直接變成固體稱為凝華。

幾乎每天都會看到的三態變化

　　水的三態變化很常見，在一大氣壓下，有冰、水和水蒸氣三種狀態，純水的凝固點約為 0℃，此時會由水開始凝結成冰；而純水的沸點為 100℃，水則會開始沸騰汽化為水蒸氣。

水的三態變化

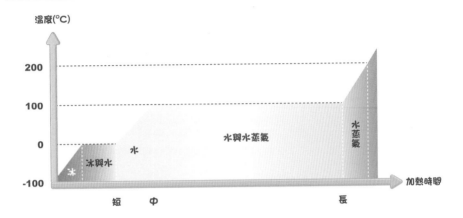

乾冰其實是固體的二氧化碳

　　乾冰的成分是大氣裡的二氧化碳（CO_2），二氧化碳在低溫高壓下，就會壓縮成固體的狀態。在室溫下乾冰會直接昇華成氣體。此時溫度約為 -78.5℃，非常冰寒。

　　那麼二氧化碳有液體狀嗎？在平常生活的環境下，是無法看到液態的二氧化碳的，但是我們能透過三相圖，來得知二氧化碳在不同氣壓和溫度下的狀態。

注意！乾冰溫度很低，不可以徒手拿，會凍傷喔！

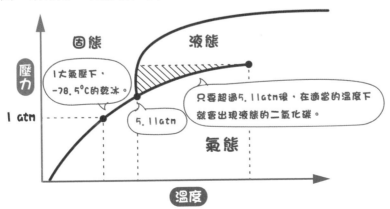

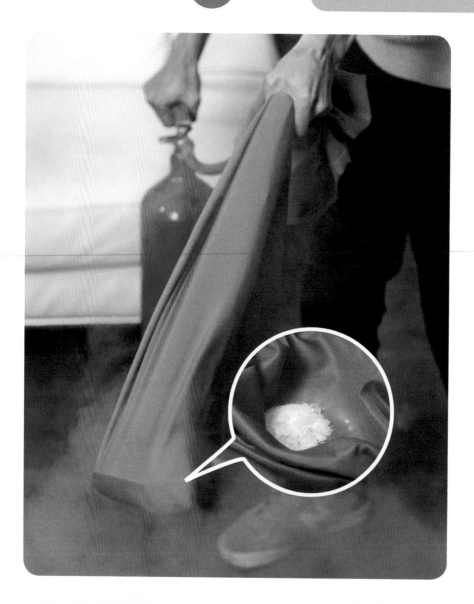

做乾冰這麼簡單！

　　二氧化碳式的滅火器內裝著大量的二氧化碳，當二氧化碳噴出時，因為壓力減小，體積膨脹，會造成二氧化碳的溫度非常低，此時用枕頭套將二氧化碳收集，在持續的低溫下，就可以收集到乾冰了。

難易度 ★★★★★　　　　　　家長陪同　　■必須　　□可自主

配合學校課程　　**8年級上學期　第5章　熱**

實驗材料

1. 二氧化碳滅火器　　　　2. 手套　　　　3. 枕頭套

實驗步驟

1　戴上手套。

2　用枕頭套包住滅火器喉管前端，拉開滅火器的保險栓。

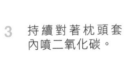

3　持續對著枕頭套內噴二氧化碳。

4　就可以收集到乾冰囉！

生活小教室

呼煙喚雨！乾冰好好用

① 放在飲料中，做成乾冰汽水。

② 當作冷凍劑，空運食品可以用乾冰冷凍、航運低溫保鮮。

③ 人造雨就是利用飛機將乾冰灑在雲層上，雲中的水滴就會被凍成許多小冰晶，讓更多水氣凝結為雨滴，開始降雨。

④ 魔術表演、演唱會舞台效果或是戲劇裡的煙霧效果，都可以使用乾冰，只要讓乾冰在室溫下昇華，就會使空氣中水氣凝結產生白煙。

① 　　　② 　　　③ 　　　④

煙也可以燒嗎？

　　蠟燭在燃燒的過程中，會先融化形成蠟油，蠟油經過棉線吸收，爬升到頂端，受到高溫形成蠟蒸氣，此時的蠟蒸氣才可以燃燒，吹熄後的白煙中含有蠟蒸氣，只要快速對白煙點火，就會沿著白煙一路燃燒回燭芯了。

難易度 ★★★★☆　　　　　家長陪同　　■必須　　□可自主

配合學校課程　　**8 年級上學期　第 5 章　熱**

●── 實驗材料

1. 打火機　　　　2. 蠟燭

●── 實驗步驟

1　點燃蠟燭。

2　將蠟燭吹熄，看到蠟燭冒出白煙。

3　用打火機接觸白煙。

4　看著火焰沿著白煙將蠟燭點燃。

生活小教室

●── 隔空不只可以點蠟燭？

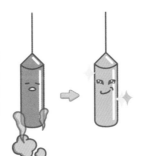

❶ 工業鍍膜上，有一種熱蒸鍍的方法，就是利用加熱將金屬變成氣體，附著在物體上。

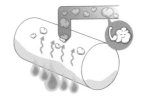

❷ 火力和核能發電廠就是利用放出的能量，加熱水變成水蒸氣後，來推動發電機組。

聖誕節的時候來做做看吧！

　　苯甲酸晶體，透過加熱後變成氣態，氣態的苯甲酸等到冷卻後，就會凝固成苯甲酸晶體，並附著在葉子上。

難易度 ★★★★☆　　　　　　　　家長陪同　■必須　□可自主

配合學校課程　**8 年級上學期　第 5 章　熱**

實驗材料

1. 苯甲酸　　2. 酒精燈組　　3. 布丁匙　　4. 裝飾瓶　　5. 樹葉　　6. 鋁箔紙

實驗步驟

1　在燒杯中加入 5 個布丁匙苯甲酸。

2　放入樹葉，在燒杯口蓋上鋁箔紙，加熱苯甲酸至氣化。

3　熄火等待蒸氣冷卻。

4　將樹葉取出，放入瓶中裝飾。

生活小教室

常見的凝固和凝結

❶ 冷卻後的油。

❷ 利用洋菜加熱，冷卻後即可做成果凍。

❸ 玻璃工藝會透過加熱，軟化玻璃來雕塑，冷卻後即可定型。

❹ 透過降溫將乳製品凝固，做成冰淇淋。

創意玩科學

金屬

金屬以及金屬離子是我們常使用的物質，甚至每天攝取的食物中也含有金屬離子，而人體內也含有許多稀有的金屬。在理化課中，金屬的特性是非常重要的，但以往都只能透過課本上描述的現象，來認識這些金屬的特性。藉由這幾個簡單的實驗，大家自己動手做，就能加深對金屬的印象，再也不用死背囉！

小明和家人一起來到河濱公園觀賞煙火，看著漂亮的煙火，小明忍不住想，煙火為什麼會有這麼多種顏色呢？

Lesson

11

科學好好玩 ③1：
神奇煉金術

煉金術是古人夢寐以求的技術，其實以現代化學
角度來看，通常是利用物質產生化學反應，變成
合金或是其他混合物，讓我們利用銅與鋅反應來
煉金吧！

科學好好玩 ③2：海底花園

瓶子裡面居然憑空長出樹來？其實是利用金屬離
子與水玻璃的交互作用，來形成像珊瑚狀的裝飾
品。

科學好好玩 ③3：自製仙女棒

煙火之所以繽紛絢麗，是因為火藥中添加了各種
物質，不同添加物在燃燒時，所放出的光亮不同。
透過自己調配仙女棒的粉末，可以加深對添加物
的印象，既好玩，又好學喔！

一秒變金幣？
煉金術必學，金屬的特性

金屬是我們生活不可或缺的物質，常用來製作電器用品、容器和硬幣等，讓我們來認識金屬的特性吧！

【金屬的導電性和導熱性】

　　大多數的金屬，導電和導熱性都非常的好，這是因為金屬內擁有大量可以導電傳熱的自由粒子：電子。電子的運動可以將熱傳遞出去。

【金屬的光澤】

　　大多數的金屬都呈現銀灰色和銀白色，除了銅為紅色；金為金色。

【金屬的延展性】

　　金屬都有良好的延展性，不易斷裂，因此常用來打造各種裝飾品或器具。

●──導電佳、抗氧化、硬度高，金屬各有所長

1. 金

　　金是一種昂貴且不易氧化的金屬，因此常用來打造飾品，在金融上，金也是一種用來交易投資的項目；在許多的電子元件中，都會用金鍍在內部的導電金屬上，避免氧化。

2. 銀

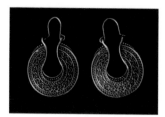

　　銀是導電性最好的金屬，因此在一些要求非常精細的電子元件上，就會使用銀導電，在電子材料行還有販賣一種銀漆筆，可以用來塗抹斷掉的電路，恢復導電。在一般生活中，銀還會拿來製作銀飾、太陽眼鏡、太陽能板、鏡子等，在醫療上，奈米銀有不錯的殺菌效果，可以殺死 650 種以上的細菌。

3. 銅

　　銅是導電能力第二高的金屬，且產量較銀來得豐富許多，因此成為生活中主要的導電金屬，常用來製作銅線，電路板上的導電電路。銅在生活中常與其他金屬製成合金，可以增加硬度，延長使用的時間，常見的有硬幣、樂器、K 金和電子元件。

我們常用的 5 元、10 元硬幣的成分有哪些呢？

錢幣	成分	花樣顏色
1 元硬幣	銅 92%、鎳 6%、鋁 2%	
5 元硬幣 10 元硬幣	銅 75%、鎳 25%	
20 元硬幣	外圈：銅 92%、鎳 2%、鋁 6% 內圈：銅 75%、鎳 25%	
50 元硬幣	銅 92%、鎳 2%、鋁 6%	

　　觀察 1 元和 50 元，我們可以發現，在硬幣的成分中，即使成分相同，但是金屬組成的比例不同時，顯示出的顏色也不同喔！

4. 鐵

　　鐵從很久以前開始，便是生活中常使用的金屬，從早期的鐵器至現代利用合金製成的不鏽鋼，都是鐵的應用。因為鐵容易生鏽腐蝕，所以雖然鐵器應用得很早，但考古卻很難得到完整的鐵器，現代的大多是利用鐵、鎳和鉻製作出的不鏽鋼合金，除了硬度提升之外，也耐鏽蝕，讓器具可以使用更久。

5. 合金

　　合金是將兩種以上的金屬或金屬和非金屬均勻地融合在一起，藉此來增加硬度、色澤、保存時間等特別性質。有一種特別的記憶合金，在受熱後會回復原來形狀，最早開始應用的是以鈦鎳各占一半的合金，只要加熱到 40℃以上，被彎曲的合金，就可以回復成原來的樣子。記憶合金在太空通訊上的貢獻卓著。我們在太空所蒐集的資料必須透過天線傳回地球，但一般金屬做的天線體積巨大，不方便載運，可彎曲的記憶合金出現後，解決了這個問題。

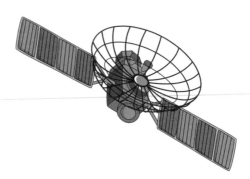

（1）天線太大不方便攜帶。

（2）使用記憶合金製作天線，
　　　並將天線折小。

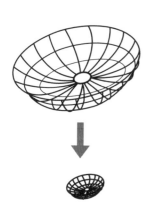

（3）到太空時，受到太陽照射加溫，天線就恢
　　　復原來的大小。

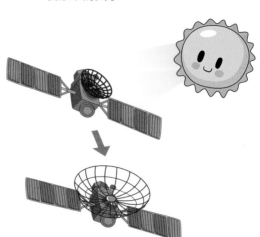

●一秒變金幣？煉金術必學，金屬的特性

科學好好玩 ③1 · 神奇煉金術

金銀銅，隨身變

　　鋅粉會溶於氫氧化鈉水溶液中，並且形成鋅離子，鋅離子與氫氧化鈉反應後，會還原成鋅附著在銅幣上。鋅附著在銅幣外表形成銀色的硬幣，此時拿硬幣去加熱，鋅和銅熔化混合在一起，形成金黃色的黃銅，就像黃金一樣。

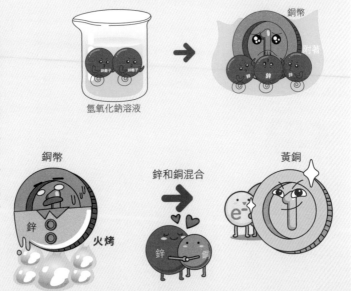

氫氧化鈉溶液

銅幣
附著
鋅　鋅　鋅

銅幣
鋅
火烤

鋅和銅混合
鋅　銅

黃銅
e⁻

難易度 ★★★★★　　　　　　家長陪同　　■必須　　口可自主

配合學校課程　　**8 年級上學期　第 6 章 物質的基本結構**

🔵 實驗材料

4. 一元硬幣
6. 杯子

1. 燒杯　2. 鋁箔紙　3. 氫氧化鈉　5. 酒精燈　7. 鋅粉　8. 夾子

🔵 實驗步驟

1 將燒杯裝水 250 毫升，加入 60 公克氫氧化鈉，調配成濃度 6m 鹼液後，再加入 5 公克鋅粉。

2 加入一元硬幣。

3 用鋁箔紙將燒杯口蓋住，並將燒杯放在酒精燈上加熱至接近沸騰。

5 用夾子夾取銀色硬幣放在火焰上烤，觀察硬幣變化。

4 一段時間後，用夾子將硬幣取出，此時銅幣就形成了銀色外觀。

6 硬幣變成金色的瞬間，快速丟入裝水的杯子中降溫。

食衣住行娛樂都靠它

　　生活中常見的銅合金有白銅、青銅、黃銅等，顏色以及用途都不太相同，但都提高了硬度、耐鏽蝕等特性。

種類	黃銅	青銅	白銅
成分	銅鋅合金	銅與鉛、錫、鋁、鈹等金屬合金	銅鎳合金
性質	呈金黃色的合金，耐磨損，可用在精密儀器；聲音獨特，可做樂器。	硬度高，熔點較低，方便鑄造；青銅本身顏色也是偏黃，但因為挖掘出的古青銅器皆氧化成青綠色而得名。	呈現銀白色，強度高，抗腐蝕，不生鏽，因此常用來製作容器、裝飾品和貨幣。
生活應用	西方的管樂器，東方的鑼鈸等。	多用於製作機械上的軸承。	貨幣

難易度 ★★★☆☆　　　　　　　家長陪同　　□必須　　■可自主

配合學校課程　**8 年級上學期　第 6 章 物質的基本結構**

實驗材料

1. 明礬　2. 氯化亞鈷　3. 硫酸亞鐵　4. 硫酸銅　5. 水玻璃　6. 玻璃瓶

實驗步驟

1 將水與水玻璃以 5：1 的比例加入瓶中。

2 蓋上瓶蓋搖晃瓶身，將溶液混合均勻。

3 在溶液中，依序加入氯化亞鈷（紫色）、硫酸亞鐵（綠色）、硫酸銅（藍色）、明礬（白色）。

4 靜置瓶子，觀察各種藥劑的生長狀態。

憑空生長的樹

生活小教室

　為什麼水裡可以無中生樹呢？是因為藥劑中的金屬離子碰到水玻璃中的鈉離子後，會和鈉離子交換，形成半透膜。半透膜上有小孔，水從小孔不斷的進入，當半透膜承受不住就會爆開。爆開後，水玻璃重新和藥劑反應成新的半透膜；水又繼續將半透膜撐開。如此反覆生長、破壞，就會愈長愈高了喔！

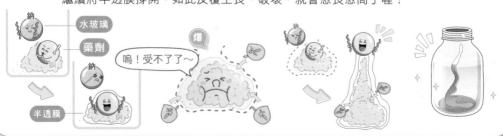

為什麼仙女棒會噴出亮亮的火花？

　　仙女棒中含有硝酸鉀、碳粉、鎂粉以及鐵粉，硝酸鉀燃燒時，會放出氧氣供給碳粉、鎂粉以及鐵粉燃燒，鎂粉燃燒時會放出強烈光芒；而施放仙女棒，噴出的亮亮火花，則是鐵粉燃燒時所放出的喔！

難易度 ★★★★☆　　　　　家長陪同　■必須　□可自主

配合學校課程　**8年級上學期　第6章 物質的基本結構**

◉ 實驗材料

1. 線香　2. 糨糊　3. 硝酸鉀　4. 鎂粉　5. 鐵粉　6. 碳粉　7. 紙張　8. 打火機

◉ 實驗步驟

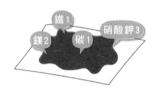  

1 將鎂粉、鐵粉、碳粉、硝酸鉀依照比例2：1：1：3均勻混合。

2 將線香均勻塗上糨糊（不可太厚，否則不容易乾）。

3 將線香均勻沾上步驟1的混合粉。

4 靜置一段時間，等待它乾燥。

5 重複步驟2、3，裹上第二層粉末。

6 等完全乾燥之後，就可以點燃，觀察仙女棒的反應。

◉ 閃光燈的前身

生活小教室

　　鎂光燈是早期攝影師在光線不足時，燃燒金屬鎂放出的強烈白光，做為攝影時的光線輔助，所以稱鎂光燈。但現在的電子相機都以電子閃光燈取代了。

7月分 創意玩科學
氧化還原與電解質

念理化時，讀到書上的各種反應，雖然很想實際操作，可是看到大量的化學藥劑，又覺得很可怕。其實在生活中，就有許多化學反應發生，並非一定要進到實驗室才能製作，不論氧化還原（呼吸、光合作用、鐵生鏽等），或是電解質（同時也是人體很重要的成分），只要利用一些簡單相似的物質，就可以在家裡自己動手做實驗。

美美想要嘗試自己烤蛋糕，但是用烤箱好像很麻煩，家裡也沒有烤箱，怎麼辦？爸爸說他有個好方法，只要有紙盒和電線就可以了！是什麼方法，這麼神奇？

Lesson 12

萬物都脫離不了它的掌控！氧化還原反應

什麼是氧化還原呢？其實在日常生活中有許多氧化還原的現象，例如：鐵生鏽、燃燒、老化等，都屬於氧化還原反應。廣義來說，就是兩個物質間丟掉電子和得到電子的反應。

鐵是一種活性很大的金屬，所以容易和氧發生反應，氧化成鐵鏽。

燃燒是一種劇烈的氧化反應，可燃物中的物質，在提供足夠的能量下（比如用火加熱），物質就能與氧發生反應，而開始燃燒。

　　但是真正的氧化還原不一定要有氧，在化學反應中，如果兩種物質之間的電子有發生轉移，形成共用電子，或是轉變成另外新的物質，就稱做氧化還原反應，比如金屬的氧化還原。

活性大的金屬容易失去電子、氧化成金屬離子；活性小的金屬，離子容易得到電子，還原為金屬原子，此種方法常用在電鍍上。

◉─人體也會氧化？！

1. 呼吸

呼吸將氧氣吸進肺裡後，會進入血管，傳遞到細胞，給細胞使用，細胞可以藉由氧氣和身體內的營養（比如醣類），產生氧化還原反應，形成水和二氧化碳，這個過程中會放出能量，供給細胞使用。

2. 老化

身體器官每天都在工作，將我們攝取的營養，轉換成生存的能量，將食物變成或轉化為能量、肌肉、脂肪、血液、骨骼，我們稱為「新陳代謝」，但身體在代謝時，會產生造成老化的兇手：自由基（superoxide radical）。

自由基（比如亞硝酸根 NO_{2-}）是單獨帶一個電子在外面的離子，因為非常不穩定，容易和體內細胞組織產生氧化，造成組織細胞失去功能而老化。

◉─駐顏有術，科學最知道

自由基會讓人體內的 DNA、脂質和蛋白質等發生氧化，使細胞氧化死亡，因此平常可以攝取抗氧化的營養素，比如維生素 C、維生素 E 或 β - 胡蘿蔔素，這三種都是很好的抗氧化劑，可以將自由基還原成穩定狀態。

● 維生素 C 讓身體產生的自由基還原變成穩定的自由基，還會隨尿液排出，不會造成負擔累積。芭樂為維生素 C 最多的水果，沒事多吃芭樂喔！

● 維生素 E（堅果類食物即含有豐富的維生素 E）可以抑制不飽合脂肪酸氧化，若未及時補充，會讓大分子的脂質氧化，沉澱在血管壁上，長久累積下來會造成血管硬化與阻塞。

● β - 胡蘿蔔素的主要食物來源是深綠、黃色的蔬菜和藻類，其中以紅蘿蔔最具代表性，可以預防眼睛老化所帶來的疾病。

為什麼會發熱？

　　暖暖包裡面的主要成分為鐵粉、活性碳、蛭石和食鹽。鐵粉跟空氣中的氧氣結合，放出大量的熱。活性碳和蛭石的主要功用為吸附空氣中的氧氣和水氣使鐵粉反應，食鹽則可以增加反應的速度。

難易度 ★★★☆☆　　　　　　　家長陪同　　□必須　　■可自主

配合學校課程　　**8 年級下學期　第 2 章 氧化還原**

● **實驗材料**

　1.活性碳　　2.食鹽　　3.滴管　　4.夾鏈袋　　5.杯子　　6.蛭石　　7.鐵粉

● **實驗步驟**

1　將鐵粉、活性碳、蛭石依照 3：1：1 的比例放入夾鏈袋。

2　用杯子裝水，並以滴管吸取少量的水加入夾鏈袋中，再加入一匙食鹽。

3　封好夾鏈袋，並均勻混合。

4　感覺到溫度上升。

5　當溫度降低時，打開夾鏈袋，與外界空氣混合。

6　感覺到溫度再度上升。

因為暖暖包是鐵和氧氣反應放出熱量，因此不使用時，只要將暖暖包口封閉，使氧氣消耗光之後，就可以暫停反應，等下次要用時，再打開袋子，接觸空氣就可以再次反應囉！

生活小教室

● **最危險的地方，就是最安全的地方？**

　　鋁是一種活性很大的金屬，一碰到空氣中的氧，就會和氧產生反應，形成氧化鋁，可以保護內部的鋁，不會繼續氧化，這種特性也常用來包裝食物，避免食物氧化、受潮。

糖居然可以變成蛇？

　　糖受熱燃燒後會產生碳，碳會比較乾燥蓬鬆，此時混合在其中的小蘇打，因受熱而放出二氧化碳，二氧化碳會帶著蓬鬆的碳往上，因而形成一條黑蛇。注意！操作時，請準備一條溼抹布在旁邊，以備不時之需喔！

難易度 ★★★★☆　　　　　　家長陪同　　■必須　　□可自主

配合學校課程　**8 年級下學期　第 2 章 氧化還原**

實驗材料

1. 鐵盤　　2. 沙子　　3. 方糖　　4. 打火機　5. 酒精　6. 小蘇打

實驗步驟

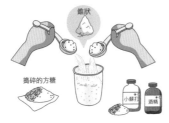

1 將方糖搗碎與小蘇打以 4：1 混合，倒入酒精溼潤混合的粉末後，捏成錐狀。

2 將鐵盤鋪上沙子，倒入些許酒精。

3 放上剛做好的白糖錐。

4 點燃糖錐的尖端，觀察白糖蛇的變化。

生活小教室

還有什麼會膨脹呢？

蛋糕、油條等食物為了增加口感，會使用膨鬆劑來讓食物軟化蓬鬆，一般來說，可以加入酵母、泡打粉以及小蘇打粉。

●酵母
酵母菌在缺氧的環境中，會將醣類轉成二氧化碳和酒精來獲得能量，因此麵包會添加酵母菌來發酵麵糰，利用酵母菌所產生的二氧化碳來使麵團蓬鬆。

●泡打粉
泡打粉其實也有含小蘇打粉，其中差別在於泡打粉會另外添加酸性物質，發出的二氧化碳蓬鬆的效果更強，因此常用在蛋糕上。早期泡打粉含鋁，可以讓蓬鬆的效果更好，但食用過多會造成記憶力衰退或骨質疏鬆，現在法令已經明文規定，禁止和鋁有關的添加物了。

千萬要小心！

使用溶液為強鹼，請小心使用。而且蓋子蓋緊後，才可以搖晃。

難易度 ★★★★☆　　　　　　家長陪同　■必須　□可自主

配合學校課程　**8 年級下學期　第 2 章 氧化還原**

實驗材料

1. 靛胭脂　2. 葡萄糖　3. 氫氧化鈉　4. 燒杯　5. 水　6. 小瓶子

實驗步驟

1 製作溶液 A：將 5 公克的氫氧化鈉和 3 公克葡萄糖一起溶入 250 毫升的水中。

2 製作溶液 B：將 1 公克的靛胭脂溶入 100 毫升的水中。

3 混合 A、B 溶液，倒入小瓶子中，觀察顏色變化。

4 當顏色變化完成後，再搖一搖，看看其他變化。

生活小教室

暗藏玄機！搖搖就會變色的水？

　　實驗中使用的靛胭脂在鹼性環境下會呈現黃色，與氧反應氧化後變成綠色，溶液中的葡萄糖又會將綠色的靛胭脂還原成紅色，接著會還原成原來的黃色，如此不斷的循環。

❶靛胭脂在鹼性溶液中為黃色。

❷經過和空氣中的氧反應後氧化，形成綠色狀態。

靛胭脂　鹼性溶液　　　　靛胭脂溶液　　　　氧氣　靛胭脂溶液　　氧化後的靛胭脂溶液

❸溶液中的葡萄糖會將靛胭脂還原成紅色的中間產物。

❹最後再還原成黃色的氧化態。

葡萄糖　氧化後的靛胭脂溶液　　還原中的中間產物　　　還原後的靛胭脂溶液

靛胭脂在醫學上可以用來檢驗腫瘤，將靛胭脂注射進身體中，如果身體內有腫瘤時，凹凸不平的面會讓靛胭脂黏在腫瘤上；但如果沒有腫瘤的時候，靛胭脂將會隨著尿液排出體外。

13

不用烤箱也能烤麵包！
沒想到電解質可以這樣用！

電解質是指溶於水後可以導電的物質，以食鹽為例，鹽是鈉和氯組合而成，溶於水後會形成帶正電的鈉離子（Na⁺）和帶負電的氯離子（Cl⁻），我們就可透過帶電的離子來導電。

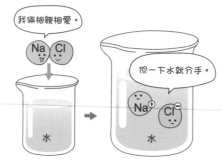

為什麼常說要補充電解質？

　　人體內包含著豐富的電解質，這些豐富的電解質存在於血液以及細胞中，幫助維持生理機能。通常人體在運動或大量流失水分後（如腹瀉），排出的水分會帶走大量的電解質，因此我們可以透過運動飲料或是鹽水來補充流失的電解質。

● 人體不可或缺的電解質

離子	體內水分控制	神經傳導	肌肉收縮	骨骼牙齒	其他
Na⁺（鈉）	V	V	V		滲透壓的維持 酵素活性化 細胞外液的維持
Cl⁻（氯）	V				胃酸合成
K⁺（鉀）		V			心肌收縮
Mg²⁺（鎂）			V	V	酵素活性化
Ca²⁺（鈣）		V	V	V	血液凝固

　　我們可以從食物中攝取電解質，如醬油、牛奶、蛋、動物內臟、五穀、蔬菜、水果等，電解質不論是缺乏或過量都對人體有影響，例如：人類每日攝取鈉的建議量為 1,400～1,800 毫克，相當於 4～5 公克鹽，需適量攝取。

◉—養生、烘焙、刷浴室，電解質無所不在

日常生活中有許多電解質，比如鹽、酸性和鹼性溶液都是電解質，酸性溶液在水中會解離出氫離子（H^+），鹼性溶液會產生氫氧根離子（OH^-）。

● 水果

許多的水果裡面都富含酸性的電解質，比如說檸檬和柑橘類的水果裡面就含有酸性的檸檬酸，此類水果也是電解質喔！

● 可樂

可樂的氣泡是利用高壓將氣體的二氧化碳壓到液態的可樂中，二氧化碳溶於可樂後會產生酸性的碳酸（H_2CO_3），可樂中還有另外一種酸性成分磷酸（H_3PO_4），因此可樂是酸性的電解質。

● 鹽巴

酸鹼值	中性
帶電粒子	鈉離子（Na^+）、氯離子（Cl^-）
應用	調味、維持身體機能

● 醋

酸鹼值	酸性
帶電粒子	醋酸根離子（CH_3COO^-）、氫離子（H^+）
應用	調味、清洗金屬製品、清洗熱水瓶

● 鹽酸

酸鹼值	酸性
帶電粒子	氯離子（Cl^-）、氫離子（H^+）
應用	清洗浴室

● 小蘇打（$NaHCO_3$）

酸鹼值	鹼性
帶電粒子	碳酸氫根離子（HCO_3^-）、鈉離子（Na^+）、氫氧根離子（OH^-）
應用	胃藥、麵包烘焙、滅火器

牛奶通電烤麵包？

　　牛奶中含有鈣、鉀、鈉等離子，通電後，藉由離子的流動而導電，就像多數電器使用時一樣，電流會產生大量的熱，使得麵包逐漸蒸熟，等到麵糊裡的水分蒸發完畢，離子不能自由流動導電的時候，麵包就完成了！

① 悠閒　e⁻

② 電池來了！快跑～　e⁻

③ 好多障礙啊！　障礙物　e⁻

④ 撞到了…　熱　e⁻

難易度 ★★★★★ 家長陪同 ■必須 □可自主

配合學校課程　　**8 年級下學期　第 3 章 酸鹼鹽**

◉ 實驗材料

1. 鬆餅粉

2. 飲料紙盒

3. 牛奶

4. 電線　5. 鱷魚夾

6. 不鏽鋼片

7. 雞蛋

8. 攪拌棒

9. 紙盤

◉ 實驗步驟

1　將電線連接上鱷魚夾。

> 加入蛋白可讓麵包更蓬鬆

2　把 1 顆雞蛋、1.5 杯鬆餅粉、1 杯牛奶倒入飲料紙盒中，攪拌均勻。

3　將事先備好的不鏽鋼片放入紙盒兩側。

4　以鱷魚夾夾住不鏽鋼片和紙盒，固定好鋼片的位置，確認裝置無誤後接上電源，靜置 8 分鐘。注意！不鏽鋼片要夾好，如果倒下接觸會造成短路，引發危險喔！

5　觀察麵包表面，當麵團不再冒出水蒸氣時，就可以拔掉插頭，把麵包倒出來囉！

> 通電時，千萬不可以直接觸碰任何金屬裝置，會發生觸電危險。

鐵釘＋銅板＋可樂＝電池

　　可樂是一種酸性電解質，將不同活性大小的鐵釘以及銅板放入可樂中會產生氧化還原反應，此時的可樂裝置就像是電池一樣，能夠放出電，使電子鐘運作。

難易度 ★★★☆☆　　　　　　家長陪同　　☐必須　　■可自主

配合學校課程　　**8年級下學期　第3章 酸鹼鹽**

◎ 實驗材料

1. 可樂

2. 鱷魚夾電線

3. 電子鐘

4. 一元銅板

 5. 鐵釘

6. 檸檬

◎ 實驗步驟

1 將黑色鱷魚夾夾上鐵釘，另一端連接電子鐘的負極，紅色鱷魚夾夾上銅板，並接上電子鐘的正極。

2 將鐵釘和銅板插入可樂中，觀察電子鐘的反應。

生活小教室

◎ 為什麼叫「乾」電池？

　　在電池一開始發明的時候，在正負極之間會有電解質溶液以維持電池的運作，如汽車中的電瓶。現代的乾電池，將電解質溶液變成糊狀物包覆在電池內，變得乾燥可以方便攜帶，所以才會稱為乾電池喔！

● 鹼性電池的內部構造

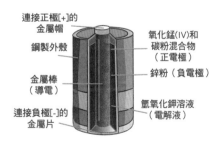

連接正極[+]的金屬帽

鋼製外殼

金屬棒（導電）

連接負極[-]的金屬片

氧化錳(IV)和碳粉混合物（正電極）

鋅粉（負電極）

氫氧化鉀溶液（電解液）

LESSON 13

手溼溼千萬不要碰插座！

　　人體內包含著豐富的電解質，這些帶電的離子除了維持身體機能或是幫助大腦傳遞信號外，也讓人體成為一種導體，因此使用電器時，要特別小心，避免潮溼而觸電。

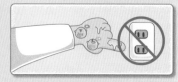

難易度 ★★☆☆☆　　　　　　　家長陪同　　□必須　　■可自主

配合學校課程　　**8 年級上學期　第 3 章　酸鹼鹽**

實驗材料

1. 可樂鬧鐘實驗組

2. 人

實驗步驟

1 將可樂鬧鐘實驗組組好。

2 將導線與電子鐘的正極分開。

3 一個人右手握著電子鐘正極，另外一人左手握著導線。

4 兩人將空著的手互相接觸，電子鐘是否可以運作呢？如果電子鐘不會亮，請檢察正負極是否接對，也可以增加可樂電池的串聯數量，或是將兩人接觸的手沾上可樂。

生活小教室

人體中的電解質

●神經電流

大腦等中樞神經要發出指令時，神經細胞會先產生生物電流，這些電流信號就是依靠人體內大量的電解質來傳遞，所以當人體內電解質失衡時，會造成人體出現不適症狀。

●水中毒

什麼是水中毒呢？並不是指喝的水裡有毒，而是指水喝得太多，造成身體的電解質濃度過低，進而使得身體的機能訊號傳遞出了問題，導致頭暈、嘔吐、失明、甚至死亡。

●腳抽筋

睡到半夜腳抽筋是非常痛苦的一件事，腳抽筋發生的原因有許多種，其中一種就是因為人體內的電解質失衡所造成。

創意玩科學
酸鹼與反應速率

延續上個月的內容，我們繼續來看看化學反應以及影響化學反應的因素，在學校的課程充滿繁瑣的計算，但如果透過自己在家動手做一些小實驗，並學著去計算藥劑的使用量，對於學習來說更事半功倍。例如：生活中有許多的酸與鹼，究竟它們擁有什麼特性呢？而說到化學反應，就不能不知的反應速率，也可以透過一些實驗，具體觀察到喔。

小明吃咖哩的時候，不小心滴在衣服上了，趕快去洗手檯用肥皂洗一洗，但是……咖哩的印子怎麼變成粉紅色了呢？是肥皂壞了嗎？

14

寫完會自動隱形的墨水？
當酸遇上鹼！

分辨物質的酸鹼，並不是憑著口感來判斷，一般來說我們把會在水中分解出氫氧根離子（OH^-）的物質稱為鹼性物質，會在水中分解出氫離子（H^+）的物質稱為酸性物質，不會分解出這兩者的便稱為中性物質。

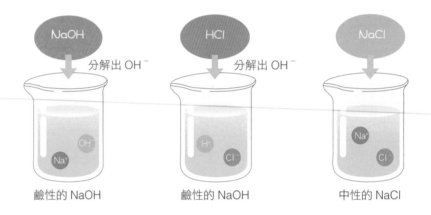

分解出 OH^-　　　　　分解出 OH^-

鹼性的 NaOH　　　　　鹼性的 NaOH　　　　　中性的 NaCl

●── pH 值是什麼？

pH 值是用來表示溶液酸鹼度的一個指標，是透過 H^+ 濃度換算而來。H^+ 和 OH^- 濃度的乘積，在同溫下是固定的，當 H^+ 濃度比 OH^- 低時，就是鹼；H^+ 濃度比 OH^- 高時，就是酸；當 H^+ 濃度和 OH^- 相等時，則為中性。

1 H^+ 和 OH^- 濃度相等　pH 值 7 為中性

2 H^+ 濃度大於 OH^- 濃度　pH 值小於 7 為酸性

3 H^+ 濃度小於 OH^- 濃度　pH 值大於 7 為鹼性

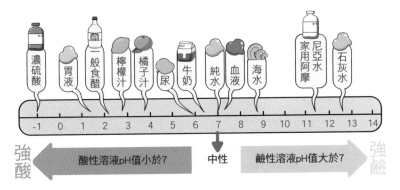

強酸 ←──── 酸性溶液pH值小於7 ──── 中性 ──── 鹼性溶液pH值大於7 ────→ 強鹼

怎麼知道是酸還是鹼？

酸鹼指示劑是以顏色變化來測量溶液的酸鹼性，實驗室中常見的酸鹼指示劑有酚酞指示劑、石蕊試紙、酚紅指示劑、溴瑞香草藍和廣用試紙等。

指示劑	遇酸	遇鹼
酚酞指示劑	無色	pH 質大於 8.2 呈粉紅色
石蕊試紙	紅色	藍
百里酚酞	無色	pH 質大於 10 呈藍色
溴瑞香草藍	黃色	藍

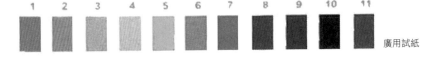

廣用試紙

家庭清潔酸鹼一把罩

家庭中的髒污可分為酸性和鹼性，在清潔時可以針對污垢選擇清潔劑，利用酸鹼中和來加強清潔的效果。

	酸性污垢	鹼性污垢
生活常見	廚房油垢、茶垢、汗漬等	廁所尿垢、皂垢、魚腥味、菸味
清潔劑選擇	以鹼性為主	以酸性為主
常見清潔劑	肥皂、漂白水、小蘇打、洗碗精	鹽酸、檸檬酸

不過，不當混用清潔劑的危險性很大，大部分浴室使用的清潔劑都含有鹽酸類的成分，若和常用來漂白衣服或消毒環境的漂白水混合使用，會發生化學作用釋放出有毒的氯氣，造成呼吸道及眼睛黏膜的傷害，鹽酸和漂白水雖然都是極為普通的居家常用清潔劑，在使用上卻不可不慎。

不見了！隱形的酸鹼魔法

　　隱形墨水的成分為鹼性溶液加上百里酚酞指示劑，潑到布上時，會使布變成藍色，但過了一段時間後，空氣中的二氧化碳會與鹼性溶液反應，酸鹼中和下，使得鹼性減弱，當 pH 值降到 10 以下時，藍色就會消失變成無色了。

難易度 ★★★★☆　　　　　　家長陪同　　■必須　　□可自主

配合學校課程　**8 年級下學期　第 3 章　酸鹼鹽**

● 實驗材料

1. 杯子　2. 百里酚酞　3. 氫氧化鈉　4. 水　5. 攪拌棒　6. 白毛巾

● 實驗步驟

1 將 1 公克的氫氧化鈉，倒入 100 公克的水中，攪拌溶解。

2 滴入百里酚酞指示劑，溶液會變成藍色。

3 將調好的溶液潑到白毛巾上並靜置。

4 過一段時間後觀察，顏色是否隱形了呢？

生活小教室

● 好玩也實用的酸鹼中和

● 惡作劇墨水

有一種惡作劇用的玩具墨水就是利用這種藥水製作而成，將藥水潑到別人身上，過一段時間就會變回無色了。

● 胃藥

胃裡的消化液主要是鹽酸，有時胃酸分泌過多，會造成胃部不舒服，吃下鹼性的胃藥後，將過多的胃酸中和就可以舒緩胃部不適。

● 蟻酸

有時被蟲蟻咬傷時，患部會紅腫發癢，這是因為蟲體內的蟻酸跑進傷口了，以前長輩會用尿液去塗抹，就是利用尿液中的鹼性氨水將蟻酸中和，達到消腫的效果。

泡泡浴自己做！簡單又省錢

　　小蘇打是一種鹼性物質，遇到酸性的檸檬酸時，會放出二氧化碳，產生大量的氣泡，且兩種物質都有非常好的清潔效果，是天然的清潔劑。

難易度 ★★★★☆　　　　　　家長陪同　□必須　■可自主

配合學校課程　**8 年級下學期　第 3 章　酸鹼鹽**

實驗材料

1. 小蘇打

2. 檸檬酸

3. 玉米粉

4. 模具

5. 小盆子

6. 色素

7. 甘油

8. 小玩具

實驗步驟

1　將小蘇打、檸檬酸、玉米粉以 6：2：1 的比例倒入小盆子中。

2　加入適量甘油、色素後，以手搓揉混合。

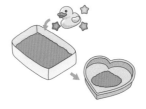

3　可放入喜歡的小飾品或玩具，混合均勻後，裝入模具中。

4　三小時後就可取出使用。使用時丟入熱水中，等泡澡球全部溶解，剛剛藏入的小玩具就現形囉！

除了洗澡還能做什麼？

生活小教室

　　「小蘇打」又稱為碳酸氫鈉，屬於弱鹼性，是製作糕點時常會用到的食材，並且能夠自然分解、沒有毒性、不會污染環境，也能當作非常環保的清潔劑，效用多多！例如：放在冰箱可以除臭，用來刷洗鍋具、去污，甚至加入水中可以軟化水質。

　　「檸檬酸」則是一種白色晶體粉末。一般柑橘屬的水果中都含有較多的檸檬酸，特別是檸檬和青檸（含量可達 8％）。現代我們使用的檸檬酸，大多是從微生物（青黴菌、黑麴黴）提煉出來的，檸檬酸常被用作飲料添加劑，像是果汁、啤酒、汽水，但也能用來清潔皂垢及水垢、除去廁所臭味及菸味，甚至洗衣時加入，可以軟化衣物，預防泛黃喔！

用肥皂塗咖哩會變成紅色？

　　咖哩中所含薑黃是一種天然的指示劑，碰到鹼性物質時，會呈現紅色，所以我們可以拿鹼性的肥皂在咖哩布上畫畫，如果畫錯了，只要用酸性的檸檬塗抹，酸鹼中和下就可以將畫錯的地方塗掉囉！

咖哩　　　　　　咖哩＋肥皂變粉紅色　　　　　　粉紅色變回咖哩色

難易度 ★★☆☆☆　　　　　　家長陪同　　□必須　　■可自主

配合學校課程　　**8 年級下學期　第 3 章　酸鹼鹽**

● 實驗材料

1. 紗布　　2. 咖哩粉　　3. 檸檬　　4. 肥皂　　5. 燒杯

● 實驗步驟

1 將咖哩粉倒入熱水中。

2 將紗布放入浸泡半小時。

3 浸泡完取出並清洗。

4 用肥皂任意塗鴉。

5 用檸檬在塗鴉處擦拭。

6 塗鴉消失了！

生活小教室

● 彩色多變的天然酸鹼指示劑

生活中常見的天然酸鹼指示劑，隨著酸鹼性會變化出非常多顏色。

常見的天然酸鹼指示計	遇酸鹼的變化 酸 ←——————→ 鹼		檢測酸鹼的成分
胡蘿蔔	橘紅色漸淺 ←——→	橘紅色漸深	類胡蘿蔔素
紫甘藍	紅色 ←——→	藍色	花青素
紅鳳菜	紅色 ←——→	綠色	花青素
咖哩粉	不變色 ←——→	紅褐色	薑黃

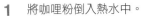

快速燃燒或是溫水煮蛋？
可操控的反應速率

反應速率是指化學反應進行的快慢，通常會以反應物或生成物每一秒中所消耗或是產生的量來表示，影響反應速率的因素有化學反應的種類、接觸面積、濃度、溫度以及催化劑等。

◉── 化學反應有哪幾種？

　　大多數的化學反應都牽扯到化學鍵的破壞與生成，比如酸鹼中和，H^+ 和 OH^- 結合形成化學鍵，產生 H_2O，這就是比較快的化學反應；如果是牽扯到要破壞鍵的化學反應，比如酯化反應，也就是醋酸加乙醇，形成醋酸乙酯 $CH_3COOH+C_2H_5OH>CH_3COOC_2H_5+H_2O$，這類的化學反應，就必須破壞化學鍵重新組合，因此反應完成的比較慢。

　　一般來説，在室溫下，反應速率的快慢通則為：酸鹼中和反應＞離子沉澱反應＞氧化還原反應（鍵破壞愈多則愈慢）＞有機反應（如酯化、鹵化等）＞燃燒反應（活化能高）。

◉── 快慢誰來決定？

● 接觸面積

　　化學反應需要物質的粒子接觸，才會發生反應，因此只要我們能夠增加粒子的接觸面積，就能讓更多的粒子一起發生反應，比如烤香腸時，如果沒有切割，火只能燃燒到香腸表面，熟得會比較慢；如果將香腸切開，便能讓香腸內部也接觸到火源，香腸就會比較快熟了。

● 濃度

　　濃度增加時，表示物質粒子愈多愈擁擠，此時粒子互相接觸碰撞的機率就會變大，造成化學反應的速度加快。

● 溫度

　　當溫度不同時，物質粒子運動的速度便會不一樣，以水來説，在不同的溫度下，除了狀態不同之外，水分子移動的快慢也會不一樣喔。

溫度愈高，粒子移動得愈快，表示粒子的運動能量愈高，能夠發生化學反應的粒子就愈多，反應速率就會愈快，以煮蛋來說，在 60℃ 時，蛋裡的蛋白質就會開始變性煮熟，但是可能需要幾十分鐘，甚至一個小時以上，如果用 100℃的滾水來煮蛋，只需不到 10 分鐘的時間，蛋就變熟了。

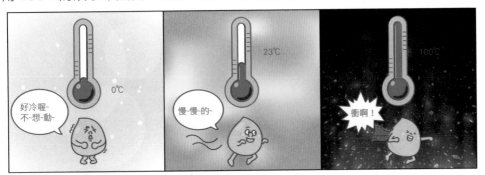

● 催化劑

在化學反應中，添加催化劑可以改變反應速率，不同的催化劑甚至會產生不同的生成物，以分解雙氧水來說，如果添加的催化劑是二氧化錳，可以加速雙氧水分解成氧氣和水；但如果加入的催化劑是甘油，則會降低雙氧水的分解速率。

催化劑具有選擇性，不同的催化劑，只會對特定的化學反應起作用，比如將分解雙氧水的催化劑二氧化錳，加入製作氨的反應中，並不能加快氨的製程喔！

1. 人體內的催化劑

人體內的催化劑稱為酶或酵素，通常用來幫助分解一些較大的分子，比如唾液中的澱粉酶，就可以幫助分解澱粉，將澱粉分解成較小的麥芽糖，所以米或是饅頭等澱粉類食物咀嚼一段時間後，便會嘗到甜味，胃液中含有的蛋白酶，可以加速蛋白質的分解。

2. 工業上的催化劑：觸媒

在工業上的催化劑稱為觸媒，觸媒可以加速化學反應，提高產品的效率，甚至降低產品的耗能；此外有一些觸媒可以分解污染物，減少環境污染，在工業上約有 80% 的產品需要觸媒的幫助，可謂功不可沒。

3. 光觸媒

我們常聽到的光觸媒（二氧化鈦），在照射紫外線時，可以將空氣中的污染源（碳氫化合物、一氧化碳），分解成無害的二氧化碳及水，因此現在有些地方會將二氧化鈦混在油漆裡，塗抹在牆壁上，提高環境品質喔！

光觸媒的原理

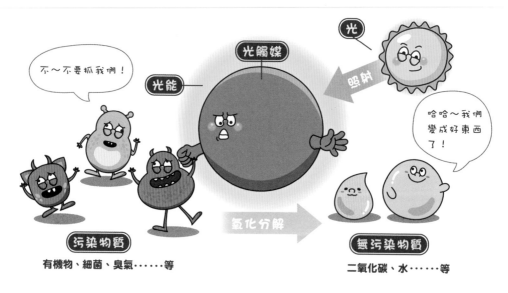

光觸媒在照光後能消滅細菌病毒、除臭、除污、除霧，
並且產生沒有毒性的 CO_2 及水。

科學好好玩 43　啾聲瓶

啾！聽得到燃燒的聲音！

　　如果我們直接點燃酒精，火只會在酒精的表面燃燒，在啾聲瓶中，會先搖一搖，讓瓶內充滿了酒精蒸氣，提高了酒精的接觸表面積，此時只要一點燃，酒精蒸氣燃燒的能量互相傳遞，將瓶內的蒸氣快速點燃。

難易度 ★★★★★ 　　　　　　　　家長陪同　　■必須　　□可自主

配合學校課程　**8 年級下學期　第 4 章　反應速率與平衡**

實驗材料

4. 溼抹布

1. 酒精　　2. 長柄打火機　　3. 空寶特瓶

實驗步驟

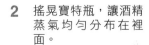

1 將少許酒精倒入空寶特瓶中。

2 搖晃寶特瓶，讓酒精蒸氣均勻分布在裡面。

3 將多餘的酒精倒出，並移開。

5 觀察瓶中的現象，及瓶口的聲音。

4 將瓶子擺正後，對著瓶口點火。

生活小教室

超危險的瞬間燃燒：塵爆

　　塵爆是指細小的可燃粉塵，在空氣中揚起後，到達燃點，開始燃燒，因為接觸面積大，濃度夠，所以一旦發生，大量的粉塵一起燃燒，放出強大的能量，往往會造成很大的災害。

　　數年前八仙所發生的塵爆，起因是電燈的高溫，雖然是半開放的空間，但因為玉米粉的濃度夠高，才釀成了這場意外。

　●快速燃燒或是溫水煮蛋？可操控的反應速率

◉ 科學好好玩 44 ●   電池生火

為什麼不用火也能燒？

　　通電時，如果發生短路，電能便會轉變為大量的熱能放出，透過接觸 9V 電池，在鋼絲絨上形成短路，產生大量的熱，來點燃鋼絲絨上的細小碎屑，因為碎屑小，表面積大，所以可以點燃，如果只有粗粗的鋼絲絨，可是點不著的喔。

難易度 ★★★☆☆　　　　　　　　家長陪同　　■必須　　□可自主

配合學校課程　**8 年級下學期　第 4 章　反應速率與平衡**

實驗材料

1. 9V 電池　　　　2. 鋼絲絨　　　　3. 鐵盤

實驗步驟

1　準備好抹布與水桶等
　　滅火工具。

2　將鋼絲絨放在鐵盤上。

3　把 9V 電池的正負極同時
　　放在鋼絲絨上。

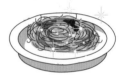

4　只要數秒鐘，鋼絲絨
　　就會燃燒。

生活小教室

超微小！奈米的世界

　　為什麼我們要研究愈來愈小的尺寸？除了可以將裝置的體積變小
之外，還可以增加接觸面積，甚至有些材料在奈米等級時，會出現不
一樣的特性。

●奈米金

　　一般的黃金活性非常小，不容易與其他物質反應，可是 2～5 奈
米等級的金，可以在室溫下，將一氧化碳轉變成無毒的二氧化碳，應
用在火場救災上，有很大的發展空間。

●奈米級的二氧化鈦

　　奈米級的二氧化鈦除了有強烈的殺菌效果之外，其導電性大約為
微米級的 60 倍，因此常用來當作染料敏化太陽能電池的材料或是光電
轉換的材料。

科學好好玩 45 — 維生素 C 檢定

一秒便知有沒有

　　維生素 C 是一種還原劑，能將碘液中的碘還原成無色的碘離子，所以才會有這樣的顏色變化，我們也可以用碘液來檢測各種食物中，是否含有維生素 C。

難易度 ★☆☆☆☆ 　　　　　家長陪同　　口必須　　■可自主

配合學校課程　　**8 年級下學期　第 4 章　反應速率與平衡**

實驗材料

4. 綠茶

6. 碘酒

8. 杯子（4 個）

1. 水　　2. 鹽　　3. 芭樂汁　　5. 維生素 C 片　　7. 攪拌棒　　9. 滴管

實驗步驟

1　準備水、綠茶、芭樂
汁、鹽水，各一杯。

2　將碘酒滴入水中，讓水
呈現褐色。

3　維生素 C 片放入水中攪
拌，觀察顏色變化。

4　再試試其他溶液，並觀
察顏色變化。

> 將維生素 C 片磨成粉末，可以加快反應速度，許多
> 魔術師也利用這個方法製作效果喔！

每天一顆芭樂，防癌又抗老

維生素 C 又稱為抗壞血酸，可以預防壞血病。壞血病是因為缺乏維生素 C 所引起的疾病。起初會有食欲不振、倦怠的情形發生，之後便會出現毛囊角化、牙齦炎和出血症狀，但是只要正常攝取維生素 C，這些症狀便會消除。

一般人攝取的維生素 C 量，大約每天 50 ～ 200 毫克，只要一顆 100 公克以上的芭樂就可以滿足，雖然維生素 C 可以抗發炎並防止老化，但它是屬於水溶性的維生素，只要吃超過，其餘的還是會被排出體外，所以要每天攝取喔！

現代有非常多的加工食品，其中許多加工的肉類，例如：香腸、火腿等，會添加亞硝酸鹽，在身體裡面會形成亞硝酸胺，是一種很強的致癌物質，而維生素 C 的還原性可以阻止亞硝酸胺的形成。

創意玩科學
有機化合物

有機化合物是一門與碳有關的科學，內容包含了生活中常見的有機化合物：烷、醇、酸、酯、醣類和聚合物等，寶特瓶就是常見的有機聚合物。寶特瓶雖然很好用，但也帶來了許多污染，學習如何將這類塑膠分類，以及透過實驗觀察熱塑性塑膠的特質，可以讓我們更了解有機化合物喔！

這一天小明喝完飲料，隨手將寶特瓶丟到垃圾桶，但媽媽卻把寶特瓶撿起來，並說寶特瓶是一種可回收的塑膠，上面有可以回收的標誌，小明看了一下，發現回收標誌上寫著數字，究竟這數字代表什麼意思呢？

Lesson

16

科學好好玩46：
無字天書

任何有機物在經過加熱燃燒後，都有可能燒焦，這是因為其中含碳。若用牛奶在紙上寫下信息，再拿去烤箱加熱，會怎麼樣呢？

科學好好玩47：回收大挑戰

生活中常見的透明塑膠杯，如果拿去烤箱加熱，會發生什麼事呢？透過這個簡單的實驗，不但能獲得美麗的裝飾品，還能對塑膠的特性更加了解。

科學好好玩48：保麗龍圖章

保麗龍其實也是塑膠的一種，耐酸又耐鹼，但只要把橘子皮的油塗上去，就可以看到驚人的現象。在往後的課程中，物質是怎麼溶解在溶劑中的概念，是非常重要的喔！

Lesson 16 從可以吃到不可以吃，無所不包的有機化合物

有機化合物是一門討論碳和其他物質結合的科學，聽起來很難，但其實離我們的生活非常近，生活周邊的有機化合物包含塑膠、食物、紙等，就連人體內也有大量的有機化合物。

◉ 有機 ≠ 天然

一開始，有機化合物是指從動物或植物體等有機物所取出的化合物，而不具生命的物質中，提出的化合物則為無機化合物。但在 1828 年科學家烏勒在實驗中，意外提煉出動物體內含有的尿素，之後，有機化合物便不局限在生命體內，而是可以透過人工來合成。

◉ 人類也是有機體

人體是一個非常大的有機體，含有非常多的醣類、蛋白質和脂質，這三種也是人體的能量來源。

1. 醣類

平常所説的糖指的是嘗起來有甜味的物質，包含米飯和麵包中的澱粉，蜂蜜中的葡萄糖、果糖，以及白糖、砂糖等都可以説是糖的一種。而類似纖維素這些嘗起來沒有甜味的，就是醣類。

常見的雙糖	基糖	存在的食品
蔗糖	葡萄糖＋果糖	紅糖、白糖和黑糖等糖類
麥芽糖	葡萄糖＋葡萄糖	可由澱粉和麥芽水解得到
乳糖	葡萄糖＋半乳糖	牛奶

另外還有多醣，多醣是指由單醣（果糖、葡萄糖、半乳糖）組合起來的醣類，從數十個到上千萬的組成都有。

數十到數百個　　成千上萬個

一個　　兩個

葡萄糖

麥芽糖

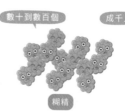
糊精

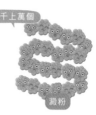
澱粉

2. 蛋白質

　　蛋白質是用來組成人體細胞的重要物質，我們的皮膚、肌肉、內臟和體內酵素等，都是由蛋白質組成，但人體所需的蛋白質，大多都無法由食物直接獲得，必須先將食物中的蛋白質分解為基本的胺基酸，再由身體合成我們所需的蛋白質。

　　蛋白質會在胃裡消化分解成胺基酸，胺基酸經過小腸吸收後，會來到肝臟合成人體所需的蛋白質，整個過程就像在玩積木一樣，可以重新拆解組裝。比如有人送你一架積木組成的飛機，可是你比較喜歡汽車，這時就可以把飛機拆開，組成自己想要的積木汽車。

胺基酸　　　　　　　　　　　　　　　　　　　蛋白質

© Arto Alanenpää　　　　　　© de:Benutzer:Elya

3. 脂肪

　　脂肪又分成飽和脂肪與不飽和脂肪，可以分別從動物油和植物油獲得。

● 動物油

　　動物油其中的成分以飽和脂肪為主，因飽和脂肪分子間的吸引力較高，因此常溫下成固體，動物油的膽固醇較高，容易造成心血管方面的疾病，但我們食用良好的動物性油是必須的，且含維生素 A 和 D；且在高溫油炸時，動物性油比植物油耐高溫，劣化的速度較植物油來得緩慢。

● 植物油

　　植物油是以不飽和脂肪為主且含較多的必需脂肪酸以及維生素 E 和 K，常溫下多成液態，不飽和脂肪酸較易被人體吸收，而必需脂肪酸可以將膽固醇轉化掉，不讓其堆積在血管壁上，造成心血管疾病；但是植物油也有其壞處，其中含有的植物膽固醇不被人體所吸收，且植物油較容易氧化，不耐高溫，如用來油炸會劣化較快。

飽和脂肪酸引力較高
靠在一起

　　因此動物油和植物油必須看情況使用，一般來說高溫油炸會選擇動物油，而低溫涼拌時植物油則較佳。

不飽和脂肪酸引力較
低較分散

為什麼要烤過才看得見？

因為牛奶裡有大量的有機物，當放入烤箱加熱時，會使牛奶中的有機物發生化學變化，進而變色，形成白紙上出現文字的現象，因此只要含有有機物的液體，像是檸檬汁、醋、糖水，都可以拿來製作無字天書喔！

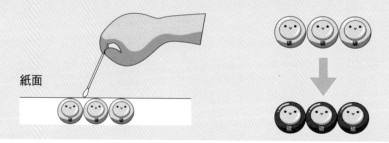

紙面

難易度 ★★★☆☆　　　　　　家長陪同　　■必須　　□可自主

配合學校課程　　**8 年級下學期　第 5 章　有機化合物**

● **實驗材料**

1. 烤箱　　2. 牛奶　3. 醋　4. 棉花棒　5. 檸檬　6. 紙

● **實驗步驟**

1 用棉花棒沾牛奶在紙上畫圖後，靜置乾燥。

2 把畫好的紙放入烤箱裡。

3 烘烤約 30 秒～1 分鐘，視狀況而定。

4 剛剛畫的圖案就現形囉！

> 可以試試醋或檸檬，也有相同的效果。

生活小教室

● **原來燒焦叫做碳化**

●木炭的製作
木炭是用木頭燃燒而得，利用高溫（500～1,000℃）持續在低濃度的氧下悶燒，將木頭中的雜質去除，留下純度較高的碳，一般窯燒必須經過 5～10 天，且在窯燒完後的處理必須非常小心，如果窯燒的門沒有封閉好，空氣一進入，會引起燃燒，使得木炭付之一炬。

●燒焦
我們在烹煮食物的過程中，如果溫度過高，就會使得食物內的水分蒸發，當加熱過頭時，便會剩下有機物中的碳，也就是所謂的燒焦，又稱為碳化喔！

透明塑膠杯輕鬆變成美麗吊飾

　　塑膠的種類有非常多，我們利用標示 6 號的塑膠盒或透明塑膠杯，經過加熱後，會軟化縮小，再經冷卻硬化，就可以得到一個美麗的裝飾了。

難易度 ★★★☆☆　　　　　　家長陪同　　■必須　　□可自主

配合學校課程　**8 年級下學期　第 5 章　有機化合物**

實驗材料

5. 油性簽字筆

1. 夾子　　2. 烤箱　　3. 烘焙紙　　4. 6 號塑膠水晶杯　　6. 剪刀

實驗步驟

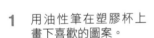

1 用油性筆在塑膠杯上畫下喜歡的圖案。

2 放入烤箱中烤幾秒鐘，觀察塑膠片的變化。

3 烤過後塑膠片會變小、變硬，就可以製成喜歡的小飾品喔！

- 6 號塑膠的成分是聚苯乙烯（PS），具有熱塑性的塑膠，而保麗龍就是由 PS 發泡所製成的喔。
- 因為 PS 加熱後可能產生動物致癌物苯乙烯單體，進行此實驗時，請務必在通風環境下進行。

生活小教室

不是所有的塑膠都一樣嗎？

　　塑膠也是生活中常見的有機化合物，指由合成樹脂經過加工後得到的可塑形材料或是剛性材料，常見的塑膠大致上可分為「熱塑性塑膠」和「熱固性塑膠」兩種，過去使用的塑膠原料是天然樹脂，是從植物（特別是松、柏）分泌出來的物質，而現代的科技很發達，都是使用化學方法，從石油裡提煉出合成樹脂來當作塑膠原料，性質跟天然樹脂相近。

◉—熱塑性塑膠

　　熱塑性塑膠加熱後會軟化、可塑型，是因為分子為一條條的鏈狀結構，每條鏈子間沒有互相拉住，所以沒有那麼堅固，容易因為受熱就自由移動，而軟化變形。

鏈狀

加熱會軟化

生活常見的產品：塑膠袋、免洗杯、雨衣、水管、優酪乳瓶

◉—熱固性塑膠

　　熱固性塑膠在製作的時候會加入其他的添加物，使鏈狀的結構被綁在一起而形成像網子一樣，網狀的結構在加熱後，仍然會呈現剛性的狀態，因此不可以再塑型，耐熱性較高，強度較強，如鍋具的把手。

網狀

無法再加熱塑型

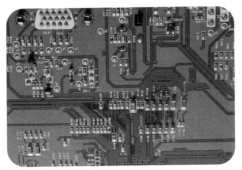

生活常見的產品：電路板

　　生活中塑膠的應用非常廣泛，尤其是杯子、寶特瓶、盒子等，在這些飲料、咖啡等的杯蓋上面都有編號，常見的杯蓋編號有：

	PET	耐熱度60～85℃
	PP	耐熱度100～140℃
	PS	耐熱度70～90℃

© Mk2010

　　這些編號代表能夠承受的溫度，舉例來說，一般熱咖啡的溫度在 85 ～ 96℃左右，所以最好是用 5 號的塑膠杯蓋，才不會釋出致癌物質，如果不小心買到 5 號以外的杯蓋，一定要記得把杯蓋打開來喝才行，否則很有可能會把致癌物質喝下，甚至是將杯蓋給融掉了喔！

用橘子皮的「油」可以刻印章？

　　柑橘類水果的皮內含有特別的油脂，因為這些油脂的結構和保麗龍類似，因此保麗龍會溶解在油脂中，藉此雕刻出你喜歡的圖形後，再塗上顏料，就是一個專屬於你的印章囉！

難易度 ★☆☆☆☆　　　　　　家長陪同　　□必須　　■可自主

配合學校課程　**8 年級下學期　第 5 章　有機化合物**

● **實驗材料**

2. 棉花棒

1. 切半的保麗龍球

3. 顏料

4. 圖畫紙

5. 橘子皮

● **實驗步驟**

1　利用橘子皮的油，在保麗龍球上刻畫自己想要的圖形。

2　用棉花棒沾顏料塗在刻好的保麗龍圖章上。

3　在圖畫紙上蓋下自己的圖章。

生活小教室

● **好驚人！原來塑膠和保麗龍可以被溶解**

● 去光水溶解保麗龍

曾經有新聞報導，去光水滴到保麗龍後，保麗龍居然腐化溶解，民眾便認為去光水連保麗龍都可以腐蝕，應該對指甲有害，但其實這是自然現象喔，就和保麗龍溶解在油脂中一樣，去光水裡的丙酮成分，也可以溶解保麗龍喔！

● 被溶解的口香糖

口香糖中含有食用膠基，這種膠基也容易溶在植物的油脂中，所以如果吃口香糖時，又碰到其他富含油脂的食物（比如巧克力、洋芋片），就會發現口香糖被溶解了喔！

● 白板碰到麥克筆

假如一不小心用麥克筆寫在白板上該怎麼辦？這時只要用白板筆沿著麥克筆的痕跡，再塗一次，就可以用板擦擦掉了。這是因為白板筆墨水中的有機溶劑可以將麥克筆墨水溶掉，所以就可以輕鬆擦掉了！

● 用橘子皮破氣球

氣球的成分也容易被橘子皮中的油脂溶解，因此如果剛剝完橘子，用手去碰氣球，氣球可是會破掉的喔！

創意玩科學
摩擦力、浮力、
壓力

在理化八年級下最後的單元會開始進入力的單元，一直到九年級的運動學以及功與能都包含在內，力學是物理中非常重要的一個章節，因為自然界中，有很大一部分的現象都是力所造成。例如：摩擦力就是生活中常運用到的一種力，走路、跑跳都和它有關；壓力則是無所不在，大氣壓力、水壓力等；而在泳池中，我們都感受過浮力，就像身體變輕了一樣。

今天游泳課教仰式，美美怎麼樣都學不起來，耳朵一進水就很緊張，美美覺得很懊惱，為什麼魚可以輕鬆的在水裡游來游去、浮浮沉沉，人卻很難呢？

三根火柴棒可以吊水瓶？
決定物體動或不動的摩擦力

要怎麼讓移動中的車子煞車呢？我們要怎麼將東西拿起來呢？走路是怎麼前進的？要完成這些事，都需要摩擦力。摩擦力的來源是兩個接觸物體間，凹凸不平的接觸面所產生，當物體要開始移動時，不平的表面就會產生摩擦，一般來說，可以分成靜摩擦力與動摩擦力。

移動的瞬間！

靜摩擦力　　　　最大靜摩擦力　　　　動摩擦力

● 靜摩擦力

　　靜摩擦力是兩個物體之間沒有相對運動時，所產生的摩擦力，比如螞蟻在推蛋糕時，因為蛋糕和地面之間沒有滑動，此時的靜摩擦力剛好等於螞蟻的推力，因此蛋糕不會被推動，靜摩擦力會隨著施力而增加，直到物體被推動的那一刻。

● 最大靜摩擦力

　　螞蟻的推力逐漸上升達到一個臨界值，當力量超過這個值，蛋糕就可以被推動，這個值稱做最大靜摩擦力，在這之前的靜摩擦力都和推力互相抵消，但施力達到最大靜摩擦力時，只要再超出一點點力量，蛋糕就馬上可以被推動了。

● 動摩擦力

　　當物體開始滑動時，物體之間的摩擦力就稱為動摩擦力，動摩擦力不管施力多少都維持定值，且小於最大靜摩擦力，這也是為什麼我們推動東西之後，會感覺變得比較輕鬆。

⊙─ 為什麼愈重的東西愈難移動？

影響摩擦力的因素有兩種，一種是物體接觸面之間的光滑度，一種是物體間的正向力。

● 接觸面之間的材質影響

物體之間如果接觸面愈光滑，摩擦力就會愈小；反之，愈粗糙摩擦力就會愈大，就像穿著冰刀鞋在冰上溜冰，可以溜得非常順暢，但是如果穿著冰刀鞋在海灘上，就不要想說可以溜冰，連移動都很困難了。

● 物體間的正向力

蛋糕放在桌面上，桌子要將蛋糕支撐住，不讓蛋糕往下掉，就會施予蛋糕一個正向力，當桌子施予的正向力愈大時，摩擦力也會愈大，這也就是為什麼愈重的東西愈難推動的關係。

物體所受的動摩擦力大小跟正向力成正比。

是動還是靜？　　想一想

如果我們坐在車上，車子載著我們移動的瞬間，我們和車子間的摩擦力是屬於動摩擦力還是靜摩擦力呢？

● 解答：車子隨然載著人在動，可是人和車子間並沒有滑動，所以是屬於靜摩擦力喔！

三根火柴棒力量大！

　　三根火柴棒之間，透過摩擦力互相支撐，掛著水桶的繩子會夾住 C 火柴棒，可以增加摩擦，摩擦力又讓 C 火柴棒頂著 B 火柴棒，B 火柴棒則利用摩擦力和正向力頂著 A 火柴棒，和桌面給 A 火柴棒的力達成平衡。

難易度 ★★★★★　　　　　　家長陪同　　□必須　　■可自主

配合學校課程　**8 年級下學期　第 6 章　力**

實驗材料

1. 火柴棒三根　2. 兩瓶水　3. 棉繩

實驗步驟

1 在桌子邊緣用其中一個水瓶壓住一根火柴棒 A。

2 用棉繩綁在另一個水瓶口，並掛在桌子邊緣的火柴 A 上。

3 取一根火柴棒 B，將棉繩撐開。

4 用最後一根火柴棒 C 頂住火柴 B 與火柴 A，達到平衡。

5 拿掉桌上的水瓶，觀察另一個水瓶是否被吊起來，如果不行，請調整火柴棒的角度，或是減輕水量。

生活小教室

不只吊重物，還可以蓋房子！

●建築上的三角支撐

從古代的木造房子到近代的建築上，在梁柱的交接處有時會接上一根用來增加支撐力的木頭或鋼鐵，而形成一個三角形結構，可以讓鋼梁受力分散，使房子更加穩固。

© MNXANL

●吸盤

把吸盤用力壓在重物上，會將吸盤內的空氣擠出，此時大氣壓力會將吸盤緊緊的壓在重物上，吸盤和重物間的正向力會增加，摩擦力就會上升，這樣就可以吊起重物，而不會落下。

端午立蛋零失敗！

　　因為雞蛋底部呈圓弧狀，容易滑動，所以雞蛋容易倒下來，立蛋時，只要撒一點鹽巴，就可以增加雞蛋底部和桌面的摩擦力，只要底部穩了，就比較容易將雞蛋立起來了！

難易度 ★★★☆☆　　　　　　家長陪同　　□必須　　■可自主

配合學校課程　**8 年級下學期　第 6 章　力**

LESSON 17

● **實驗材料**

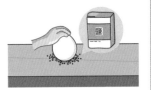

1. 雞蛋　　2. 鹽巴

● **實驗步驟**

1 尋找一個平整的桌子。

2 用手將蛋扶著立起，讓蛋黃略為下沉，使重心降低。

3 在桌上撒一點鹽巴，增加摩擦力。

4 藉由鹽巴提供的摩擦力，嘗試將蛋立起。

生活小教室

● **原來這些都是摩擦力？**

● **數鈔**
有些長輩在數鈔票前，習慣先舔一下手指，這是因為口水可以增加手指和鈔票間的摩擦力，在數鈔時，可以避免鈔票黏在一起而算錯。

● **止滑粉**
棒球選手在比賽時，會撿起地上一包白白的粉來抹手，那是用松脂做成的止滑粉，碰到汗水可以產生些微黏性，避免在投球時因為手滑而導致球偏掉喔！

● **胎紋**
車子的輪胎上會有胎紋，可以增加摩擦力，如果輪胎磨平了就要換掉，避免車子打滑失控。

● **瓶蓋**
瓶蓋邊的紋路可以增加摩擦力，比較容易打開。

坦克車也拉不開，摩擦力的力量！

兩張紙互相疊在一起也會產生摩擦力，只是非常的小，但是當許多張紙疊在一起時，摩擦力就會跟著增加，造成書本拔不開的情況。電視節目曾經做過這樣的實驗，將兩本電話簿互相交疊，最後請來了兩臺坦克車、施加到約 3,600 公斤，才將兩本書拉開，後來有研究指出，每增加 10 倍的書頁，摩擦力就會增加 10,000 倍喔！

難易度 ★☆☆☆☆　　　　家長陪同　□必須　■可自主

配合學校課程　**8 年級下學期　第 6 章　力**

 **實驗材料**

 兩本厚一些的書籍

實驗步驟

1　將兩本書翻開到底部。

2　將書本內頁紙張互相交疊。

3　疊完後，抓著書的兩邊，用力拔，試著將書分開。

4　想想看，要如何才能將兩本書順利分開呢？

生活小教室

紙張使用小偏方

●混亂的 A4 紙

當一堆亂七八糟的 A4 紙疊在一起時，想要整理整齊，卻發現不管怎麼用手去梳理，都無法將紙打理得非常整齊，這是因為紙之間的摩擦力，讓紙無法順利移動，因此只要擠壓一下紙，讓紙之間有縫隙，就可以順利整理好了。

●紙箱踏墊

每當下雨的時候，有些店家為了避免地面溼滑，會在地上鋪一層層的紙箱當作踏墊，因為地面磁磚往往都非常光滑，所以紙箱除了可以吸水之外，還可以用來增加摩擦力，以免滑倒。

LESSON 17

會吃蛋的瓶子？！
密度、溫度、面積，影響壓力的三元素

如果我們將一顆氣球壓在一根圖釘上面，會發現氣球很容易就被刺破，但是如果將氣球壓在許多圖釘上，手就必須比較用力，氣球才會破掉，這是為什麼呢？壓力是指在單位面積上所受到的垂直作用力，所以只有一根針接觸到氣球時，整個氣球的重力壓在一根圖釘的面積上，接觸點壓力大，氣球就容易破；反之，有許多圖釘一起分攤時，接觸點壓力小，氣球就不容易破了。

●─受地球吸引的空氣

在地球表層，有一圈厚厚的空氣被地球吸引著，稱為大氣層，大氣層的厚度可延伸到數百公里以外，但因受地球引力的吸引，99%的空氣聚集在離地面 32 公里的範圍內，空氣離開地面愈高愈稀薄，因為空氣的密度隨海拔高度的增加而減少。

大氣壓力是因為大氣的重力而產生的壓力，常使用在氣象上，可以在衛星雲圖上看到等壓線，用來判斷空氣的流動、風向和高低壓等，是非常重要的氣象要素。

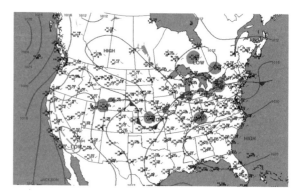

◉─原來人的力氣這麼大嗎？

　　我們平常生活的環境，大約為一大氣壓。根據換算，大概一個食指指節的大小，就承受一公斤左右的力，因此平均算下來壓在一個成人身上的力大約有 24,000 多公斤，但是為什麼我們感覺不到呢？這是因為體內和外面的大氣壓力互相抵消的關係。

我有1公斤重喔！

一個指節就受到約
一公斤重的氣體重力喔！

體內和體外的壓力雲達到平衡，
因此不覺得大氣壓力很重喔！

◉─沒有大氣壓力會怎樣？

　　如果有一天大氣突然消失會發生什麼事呢？除了許多東西不能使用之外，人體內的壓力會瞬間比體外的壓力還要大，此時體內的氣體就會想往外衝，就有可能將體內器官、耳膜、眼角膜等破壞。登山客攀爬高山，會因為山上氣壓過低，出現呼吸困難、耳膜出血、流鼻血等高山症狀。

　　身處在外太空，完全沒有大氣壓力的情況下，就必須要有太空衣或是待在太空艙內有氣壓的地方，如果直接暴露在真空環境下，會發生什麼事呢？如果怕缺氧直接屏住呼吸，肺就會被氣體撐破，不過人的皮膚比較堅固，倒不會出現爆體而亡的現象。

　　太空人在太空執行任務一段時間後，因為缺少地心引力以及大氣壓力的關係，體內的血液無法順暢的流動，會造成肌肉和血管的疾病，因此太空人返回地球時，並沒有像電影中的帥氣模樣，有時候甚至要坐輪椅呢。他們在太空中也必須持續運動，才能保持肌肉和骨骼的功能。

為什麼瓶子會吃蛋？

紙張點燃丟進瓶裡，會讓瓶中的氣體溫度上升，體積膨脹，此時用雞蛋卡住瓶口，與外界隔絕，等到瓶內空氣冷卻，體積變小，氣壓下降，外界的大氣壓力就會將雞蛋往瓶內推了。

難易度 ★★★☆☆ 　　　家長陪同　　■必須　　□可自主

配合學校課程　　**8 年級下學期　第 6 章　力**

實驗材料

1. 雞蛋　　2. 廢紙　　3. 打火機　　4. 寬口瓶

 實驗步驟

1 先將雞蛋用水煮熟，剝殼備用。

2 將廢紙捲成紙捲，用打火機燃燒，把燃燒的紙捲放入瓶中。

3 把水煮蛋直立放在瓶口上。

4 靜置一會兒後，仔細觀察雞蛋，會發現雞蛋慢慢被推到瓶子裡去了。

生活小教室

◎ 打不開！溫度造成的壓力變化

●拔火罐

中醫裡有一種拔火罐，會先加熱拔罐瓶內的氣體，再按壓在身體上，等到瓶內氣體冷卻後，就會將患部吸起，達到活絡血氣的效果。

●冷卻的鍋蓋

有時熱湯蓋上蓋子過了一段時間，想要拿起時，會發現蓋子有點被吸住的感覺，因為鍋子內的熱空氣經過冷卻後，體積縮小，讓鍋內的壓力變小，大氣壓力就會壓在鍋蓋上，與其說是吸住，不如說是被壓住，更來得貼切喔！

●冷凍庫的門

冷凍庫打開後熱空氣會流進去，當門關起，裡面的空氣再次冷卻後，內部壓力變小，冷凍庫的門會變得比較難開啟。

為什麼水不會溢出來？

　　大氣壓力會作用在切口的水面上，讓瓶內的水無法往外流，因此若是當作寵物的飲水機，只要寵物喝水，寶特瓶內的水便會慢慢下降持續補充，可以維持一段時間喔。市面上常見夾在寵物籠上的喝水瓶，也是利用壓力的原理，使得水倒過來時不會流下來，讓寵物用舔的喝到水。

難易度 ★★☆☆☆　　　　　　家長陪同　　■必須　　□可自主

配合學校課程　**8 年級下學期　第 6 章　力**

● 實驗材料

2. 美工刀　　　4. 直尺

1. 寶特瓶　　　3. 麥克筆

● 實驗步驟

1　用麥克筆在寶特瓶身上畫一條和地面平行的橫線，然後用美工刀割開。

2　用雙手的拇指在切口的上方施力，寶特瓶就會像圖示一樣往內側縮進去，如此即完成了水槽。

3　先拴緊瓶蓋，再從切口處加水。同時偶爾左右搖晃瓶身，使水充滿整個瓶子。

4　等瓶子裝滿水之後，將瓶子靜置於桌面或地面上，若裡面的水沒漏出來，就表示成功了。

● **在太空也能使用的原子筆**

生活小教室

　　使用原子筆寫字時，墨水會慢慢流出來，同時大氣壓力推著補充缺少墨水的地方，使得書寫更順利。在太空因為沒有重力將筆管內的墨水往下拉，因此一般的原子筆無法在太空中使用，後來美國有家廠商發明了在筆芯內填充氮氣的技術，使墨水能夠被氮氣的壓力往筆尖的鋼珠推，就能順利書寫了。

小孔　　大氣壓力

為什麼往短吸管吹氣，卻是長吸管噴水？

用短吸管往瓶內吹氣時，會使得瓶內壓力變大，瓶內的壓力就會壓著水，從長吸管內噴出喔！

難易度 ★★★☆☆　　　　家長陪同　　□必須　　■可自主

配合學校課程　**8 年級下學期　第 6 章　力**

⊙──實驗材料

 3. 剪刀

 5. 吸管兩根

1. 黏土　　2. 錐子　　4. 寶特瓶

⊙──實驗步驟

1　先在寶特瓶蓋上挖兩個洞。

2　插入兩根吸管，一根剪去三分之一，另一根不剪。如果吸管和洞之間有空隙，可以用黏土封住。

3　將寶特瓶裝大約八分滿的水，以短吸管不碰到水面為基準。

4　蓋上蓋子，就可以開始打水仗囉！

生活小教室

⊙──便祕也可以靠壓力解決？

　　有個生技公司發明了一種神奇的機器，將肛門口的氣壓減小 30%，造成體內氣壓大，而外界氣壓小，氣壓由大往小推動，糞便就能順利排出。

腸子
正常氣壓　　氣壓大

肛門
壓力少30%　　氣壓小

Lesson 19　為什麼不會沉下去？ 體積、密度與浮力的關係

在游泳時會發現，自己在水中的重量好像變輕了，這是因為在水中有浮力支撐的關係，液體都會有浮力存在，浮力的大小主要決定於兩個要素，物體在液面下的體積以及液體的密度。

● 體積 vs. 浮力

物體在液面下的體積愈大時，所受到的浮力就會愈大，例如：用手去壓一個浮在水面上的臉盆時，臉盆壓得愈深，手感到的阻力就會愈大，這是因為液面下體積變大，浮力變大的關係。

● 密度 vs. 浮力

在相同體積下，物體的質量愈大時，密度就會愈大，而不同種類的液體，密度皆不同，當液體密度愈大時，浮力也會愈大。

在相同大小的空間裡面擠了愈多的物質代表密度愈大；而物質愈少代表密度愈小。

● 浮得起來嗎？

要怎麼判斷物體能不能浮在液體上呢？其中的關鍵就是密度，當物體的密度比液體還要大時，就會下沉；反之，物體密度較小就會浮起。

常見的物質密度									
金	19.3	銅	8.96	鑽石	3.5	水	1.00
銀	10.49	鐵	7.87	海水	1.03	汽油	0.73

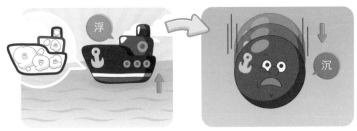

船可以浮在水上，是因為裡面有空氣，平均密度小。

鐵球因為都是鐵，密度大，所以會下沉。

◉— 水的浮力祕密

水的密度大約為 1（公克／每立方公分），一般的物質，溫度愈高，體積會膨脹，密度就會降低；而水在 4℃ 時密度最大，會往下沉，所以就算在低溫結冰的湖，底部仍然是較溫暖的 4℃ 喔！

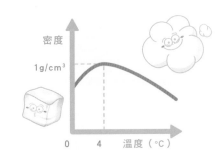

◉— 冰山的一角？

我們常說「這是冰山的一角」，冰山常出現在高緯度的海上，冰山本身就是一個超級大的冰塊，但只有一點點露在水面上，其餘的都在水面下。

© AWeith

因為冰塊密度只和水差一點，因此只露出一點在水面上喔！

因為乒乓球和水密度差很多，所以大部分都浮在水面上。

壓一壓就沉下去

　　此實驗分為開放系統和封閉系統兩種，即把小魚的嘴留下開口或封起來。兩種都是靠密度改變產生的沉浮現象。開放系統的小魚，是由於擠壓寶特瓶時，液體被壓入小魚中，使魚的重量變重，密度變大，因此下沉。封閉系統的小魚，則是因為小魚體積被壓縮，密度變大，因此下沉。

難易度 ★★★★☆　　　　　家長陪同　　□必須　　■可自主

配合學校課程　**8 年級下學期　第 6 章　力**

 實驗材料

2. 小魚醬油瓶

4. 杯子

1. 寶特瓶　　　　3. 單芯電線

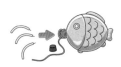 **實驗步驟**

2公釐～3公釐

1 將電線剪短成約 8 段，放入小魚的肚子裡。

2 將小魚裝滿水增加重量。

3 把小魚放入水杯中檢查，魚的尾巴要剛好浮在水面上約 2～3 公釐。

4 若魚太重則會沉入水中，可以將魚肚中的水擠出，調整重量。

5 將小魚丟入裝滿水的寶特瓶中，蓋上瓶蓋，用力擠壓瓶身，看看小魚是不是下沉了呢？

生活小教室

 魚為什麼可以任意沉浮？

　　大多數的水中生物必須靠著鰭或是觸手的擺動來控制沉浮，但一直動的話會疲勞，所以大部分的魚類會利用控制體內魚鰾的大小，來幫助自己沉浮。

魚類吸入水後靠著鰓將水中的氣體留下。

氣體會進入魚鰾之內，讓魚鰾變大就可以浮起來。

水可以增氣體留下

我吸！

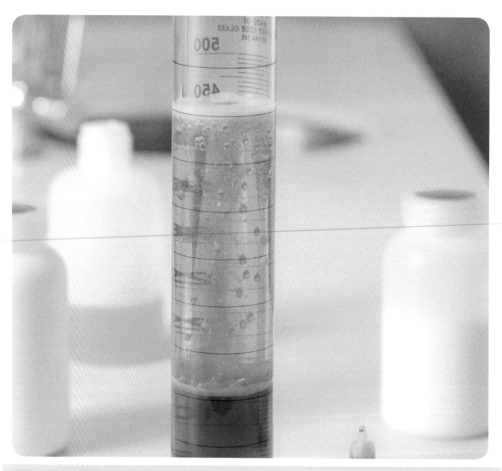

用二氧化碳做浮力球

　　一般熔岩燈底部的液體是蠟，上方是密度略小於蠟的液體，而底座有一個加熱裝置。通電後，加熱裝置會讓蠟溫度升高，因為熱漲冷縮，蠟的體積上升，造成其密度下降而向上浮起；而到上層後，溫度則會下降而往下沉，造成上下對流的現象。自製熔岩燈則是利用小蘇打碰到檸檬酸時，會放出二氧化碳，二氧化碳氣泡因為浮力大，會帶著染色的水往上衝，等到二氧化碳衝出水面後，水滴會緩緩的在油中慢慢落下，形成漂亮的畫面。

© Ryan Steele

難易度 ★★★☆☆　　　　　　家長陪同　　□必須　　■可自主

配合學校課程　**8年級下學期　第6章　力**

● **實驗材料**

3. 油

1. 玻璃瓶　2. 水　　　　　　4. 色素　5. 檸檬酸 & 小蘇打

● **實驗步驟**

1　將水加入玻璃瓶中，約四分之一滿。

2　滴入色素，調出喜歡的顏色。

3　加入檸檬酸，並輕輕搖晃瓶身。

4　加入油，至九分滿。

5　加入小蘇打，觀察溶液變化。

生活小教室

● **為什麼汽水一打開會噴出來？**

　　汽水和啤酒內充滿著大量的氣體，搖晃過後打開，底部氣體的浮力就會帶著汽水或啤酒往上衝，使得汽水或啤酒噴出來，如果要避免噴出，只要在打開前，敲一敲瓶身，這樣底部的氣泡就會浮到液面上，打開時，就不會有液體噴出來了。

Penny 老師教你創意玩科學 | 205

為什麼加水就會浮起來？

　　油的密度比酒精還要大，所以一開始會沉在下方；加入水後，酒精與水開始混和成酒精水溶液，密度會逐漸上升，當酒精水溶液的密度大於油後，油便會逐漸浮起，且因為表面張力的關係，油會呈現球狀喔！

難易度 ★☆☆☆☆　　　　　家長陪同　　□必須　　■可自主

配合學校課程　**8 年級下學期　第 6 章　力**

● **實驗材料**

4. 95% 酒精

2. 小容器

1. 大玻璃杯　3. 一瓶水　5. 植物油

● **實驗步驟**

1 將植物油倒入小容器中。

2 將小容器放到大玻璃杯底部。

3 沿著玻璃杯邊緣倒入 95% 的酒精至半滿。

4 慢慢倒入水，直到油球浮起。

生活小教室

● **掏金和熱氣球的原理相同？**

●掏金

密度其實不只在液體上有效果，在掏金的過程中，會將金礦磨成粉後，將粉放入盤子中，再放進水中開始掏金，因為金的密度比較大，所以會沉在最底部，而密度較小的沙子或礦物，則會在黃金上方，逐漸被水流帶走，就可以得到愈來愈純的黃金。

© Mike Renlund

●空氣的浮力

浮力不只在液體中，在空氣中也會有浮力，熱氣球透過加熱，會使得熱氣球內的氣體密度比外界的空氣密度還要小，此時熱氣球便會往上浮起。

創意玩科學
運動學、功與能

上個月已經提過,高二物理到高三部分章節都是在討論力的概念,由此就不難發現力學的重要性,下面提到小明在車上身體不由自主的飛出,就是力學中的慣性定律,是一個非常重要的概念喔!當物體受力後,會讓物體產生運動,牛頓的三大運動定律便解釋了這些現象;而功與能是從能量的角度來看力的作用,當物體受力後多半會帶有能量,可能是動能或是位能,再透過能量轉換,就可以用本身所擁有的能量,推動別的物體。

小明全家開車一起出去玩,車子轉過一個彎道時,小明整個人向右邊偏了出去,彷彿有人推他一般,他覺得很奇怪,明明沒有人推他,為什麼身體會不由自主的有飛出去的感覺呢?

牛頓沒有被蘋果砸到？
人類史上三大知名運動學

從古希臘哲學家亞里斯多德開始對物體的運動做觀察以及猜想，接著中間持續了將近 2000 年，直到 16 世紀，伽利略挑戰了亞里斯多德的運動理論，用實驗修正了亞里斯多德的錯誤；最後牛頓將前人的研究歸納總結，發表了牛頓三大運動定律，才讓運動學有了一套系統性的理論。

亞里斯多德的運動學

1 亞里斯多德認為，所有物體的運動都一定要有力，就算是等速度運動的物體，也必須有力，才能持續運動。
2 比較重的物體，一定會比較快落地。
3 空間中充滿了物質，所以才能傳遞物理量，所以真空是不存在的。
4 地球是不動的，其他星體以地球為中心，繞地球運行。

伽利略的運動學

1 伽利略提出慣性的想法，如果一顆球在光滑平面上移動，沒有其他的力，這顆球將會保持著固定速度，不斷的往前移動，力應該是改變物體運動，而不是維持。

沒人阻擋得了我！

伽利略認為在沒有其他阻力的影響下，球會一直向前滾。

2 伽利略曾在比薩斜塔上面做了一個著名的實驗，他將兩顆不一樣重量的球往下丟，發現兩顆球幾乎同時落地，推翻了古希臘哲學家亞里斯多德的想法。

牛頓的運動學

牛頓發表了運動定律，並發明了微積分，用數學分析運動，得到運動方程，可以精確的計算物體的運動軌跡；此外，牛頓還解釋了萬有引力定律，證實了克卜勒對行星運動的觀察結果。

1　牛頓第一運動定律

牛頓第一運動定律又稱為慣性定律，延續伽利略對物體慣性的解釋，認為物體在不受力的情況下，應該維持原來的運動狀態，靜者恆靜，動者恆做等速度運動。

沒有人去推櫃子，櫃子就不會移動。

2　牛頓第二運動定律

牛頓第二運動定律，精確的描述了物體受力後會獲得一個加速度，改變物體的運動快慢或方向，物體受力 = 物體質量 × 加速度（F = ma）。

若在外太空沒有阻力的情況下，往前丟一顆球，球就會一直飛，停不下來。

3　牛頓第三運動定律

牛頓第三運動定律又稱為作用力與反作用力，他認為當 A 施予 B 作用力時，B 同時也會給 A 一個反作用力，就像是我們用右手去打左手，右手也會受到反作用力而覺得痛喔！

A 球撞 B 球，B 球受力。

作用力與反作用力的特性

- 大小相等、方向相反：作用力與反作用力大小必須相等，方向必相反。
- 作用在不同物體上：作用力與反作用力存在於兩個物體之間，並且作用在對方身上。
- 同時出現同時消失：作用力與反作用必同時出現同時消失。

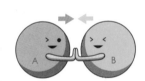

B 球同時也給 A 球一個反作用力，A 球受力。

4　圓周運動

圓周運動在一開始大多數的人都認為有一個離開圓心的力，作用在物體上，就連牛頓也是這麼認為，直到後來受到另外一位科學家虎克的影響，才將圓周運動修正為有一個向著圓心的力作用在物體上。

拿線綁在小玩具上，用手抓著線甩動，這個抓住線的力就是向心力。

5　萬有引力定律

雖然牛頓並沒有真正被蘋果砸到，但他還是提出了萬有引力定律，任兩個物體，彼此之間存在著吸引力，其大小和物體質量大小成正比，和物體彼此之間的距離成反比；再結合他發表的圓周運動向心力的理論，便成功解釋了月亮繞地球，以及克卜勒的行星運動定律。

搖一搖就可以金蟬脫殼

　　原本布丁和容器間沒有縫隙，布丁會被大氣壓力頂著而不會掉下來，在快速旋轉的時候，布丁會變形，和容器間產生小縫隙，當空氣跑進去，布丁就會掉下來了。

難易度 ★☆☆☆☆　　　　　　家長陪同　　☐必須　　■可自主

配合學校課程　**9 年級上學期　第 2 章　力與運動**

 **實驗材料**

布丁、果凍或茶凍

 **實驗步驟**

1　將布丁倒扣在盤子上，拿在手上。

2　身體快速轉一圈。

3　布丁就會掉下來了！

4　不只布丁，果凍、茶凍都可以喔，快點試試看！

 生活小教室

● **從點心到醫療，運用廣泛的圓周運動**

●脫水機

脫水機利用圓周運動高速旋轉，將衣服的水分脫掉。

© Aurelino44

●離心機

醫療用的離心機利用圓周運動將液體中的不同成分分離，比如離心機可以將血液中的血小板、血球和血漿分離，許多運動員扭傷後，就會用離心機取出自己血液中的血小板，打入受傷處來加速復原。

●棉花糖

棉花糖機裡放糖的地方會有一個旋轉及加熱的機器，將糖放入機器中，糖會加熱到熔化，棉花糖機器裝著熔化的糖做高速旋轉，因為速度太快，熔化的糖沒有辦法被機器提供的向心力抓住，於是就飛出來形成一絲絲的糖。

為什麼蛋會往下掉，而不是往外飛？

　　根據慣性定律，雞蛋會有想要待在原位置不動的慣性，因此當我們從側邊快速拍掉盤子時，雞蛋瞬間會停留在原位置，接著受到重力作用，就會掉入水中了。

難易度 ★★★★☆　　　　　　家長陪同　　□必須　　■可自主

配合學校課程　**9 年級上學期　第 2 章　力與運動**

⊙ 實驗材料

1. 雞蛋　2. 水杯　3. 紙板　4. 紙捲

⊙ 實驗步驟

1 將水杯裝水。

2 把紙板、紙捲、雞蛋依序疊好。

3 快速從側邊拍掉紙板。

4 雞蛋如果掉入水裡就成功了！

⊙ 常見的慣性動作

生活小教室

1 車子突然停下來時，我們會因為慣性往前衝，所以要綁上安全帶。

2 當原子筆快沒水時，用力甩筆，讓墨水可以依慣性跑到筆尖。

3 為什麼 100 公尺賽跑的跑道不是剛好 100 公尺，多出來的一段有什麼用處呢？因為往前衝刺時，慣性會讓我們較難停下來。如果在 100 公尺處強制停下來，身體容易受傷，選手也不易發揮，所以跑道才必須延長一點距離，讓選手可以慢慢停下來。

終點

牛奶糖比椰子殼還要硬嗎？

　　根據作用力與反作用力，我們施多大的力，把椰子往牛奶糖砸去，牛奶糖也會給椰子一個反作用力，又因為椰子和牛奶糖的接觸面，只有牛奶糖的尖端一小塊面積，因此受到的壓力變大，椰子殼承受不住，便會裂開。

難易度 ★★★★☆　　　　　　　家長陪同　　□必須　　■可自主

配合學校課程　**9 年級上學期　第 2 章　力與運動**

實驗材料

1. 牛奶糖　　　2. 新鮮的椰子　　　3. 杯子

實驗步驟

1 取出約莫 8 顆牛奶糖揉在一起。

2 將牛奶糖塊捏成尖狀，然後立在桌上。

3 挑選新鮮的椰子，將較柔軟的部位對準牛奶糖，用力敲下。

4 用杯子盛裝破開而流出的椰子汁。

生活小教室

追趕跑跳都不能缺少它

1 走路：腳往後對地板施力，地面給腳反作用力，使人前進。
2 游泳：手和腳將水往後撥，水給人反作用力而向前游。
3 鳥類飛行：鳥用力拍打空氣，空氣給鳥反作用力，讓鳥向上飛行。

走路　　　　　　　　　游泳　　　　　　　　　鳥類飛行

使人前進
地板對腳的　反作用力
腳對地板施力

人往前游
手和腳將水往後撥　　水的反作用力

讓鳥升空
空氣給鳥的　反作用力
鳥拍打空氣

21 飛天遁地憑什麼？
不簡單的功與能

比賽中棒球投手用力投出球後，棒球以非常快的速度往前飛，打擊者也用力將球擊飛，在這整段過程中，除了投出以及打擊的那一瞬間，棒球有受力之外，其餘時間都沒有受力，棒球究竟是靠什麼在空中飛行的呢？

◉─ 正正得正，不作白「功」

　　當力作用在物體上時，會改變物體的速率大小，當作用力與物體位移方向相同時，物體速率上升，則力對物體作正功；反之，作用力與物體位移方向相反時，物體速率下降，則力對物體作負功；如果作用力與物體垂直，則速率不會改變，力對物體不作功。

球從空中落下，重力和位移同方向，重力作正功，球的速率上升。

動摩擦力和空氣阻力方向皆與運動方向相反，作負功，會使物體慢慢停下。

車子轉彎時，圓周運動的向心力改變了我們前進的方向，但因為向心力和轉彎方向垂直，所以不作功，速率也不變。

◉─ 有作功，就有「能」

　　如果一個物體能夠對其他物體作功，我們便稱這個東西有能，在生活中常見的有動能、位能、熱能、化學能、電能、核能、聲能、光能等，但許多能量，其實都可以用動能或是位能來表達喔！

能量種類	表達形式
動能	物體擁有速率，就可對外界作功，稱為動能。
位能	常見的位能有重力、彈力和電位能，在重力、彈力和電力的影響下，物體擁有作功的能力。
熱能	熱能是存在物體內的能量，以細微來說，是物質粒子運動能量和位能的一種喔！
化學能	通常是指化學物質所放出的能量，屬於位能的一種。
電能	電能是電子流動時，電子所擁有的動能。
核能	通常是指原子所擁有的能量，包含動能與位能。
聲能	聲音是藉由空氣分子震動來傳遞，屬於動能的一種。
光能	光子傳遞時所擁有的能量。

◎─世上的能量都是一樣的

　　1843 年，英國科學家焦耳提出，在這世界上，所有能量的總量永遠都是一樣的，能量可以以不同的形式在物體之間流動交換，比如煞車時，地面和輪胎的磨擦，會將動能換成熱能。還有其他能的轉換，例如：

1. 電能轉光能和熱能。

2. 光能轉電能。

3. 化學能轉電能。

4. 化學能轉動能。

汽油燃燒時，產生化學反應，放出來的氣體推動引擎，產生動能。

⊙—能源危機、生物危機，你選哪一個？

核能的應用從 20 世紀開始，到現在許多國家的電力來源，核能都占了其中一部分，核能的應用來自於愛因斯坦提出的質能互換公式，$E=mc^2$，當原子在進行核反應時，會有部分的質量損耗，並且以熱能的形式放出，每一公克的質量，大約可以產生 2,500 萬度電的能量。雖然便宜且大量，但核能應用後所產生的廢料，會對生物產生傷害，是非常大的問題。

我們現在所使用的能量，追根究柢，其實是地球誕生後，幾十億年來所儲存的太陽能，能源危機的概念最早起於 1843 年，焦耳研究當時最先進的蒸汽，發現其中有 90% 的能量被浪費掉了，推論未來會因為這些被浪費掉的能量而產生「能源危機」。

現在的能源危機，是指石油、煤等石化燃料可能快要用完，因此許多國家都積極尋找可以替代石化燃料的再生性能源，比如風力、水力、太陽能、生質能、潮汐和地熱等。

風力發電

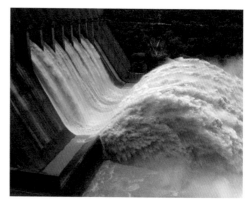

水力發電

科學好好玩 **61** 火柴火箭

衝啊！火箭動力的來源

　　燃燒前端的火柴，受熱後產生熱及氣體，因為鋁箔接近封閉的狀態，氣體無處釋放，便對鋁箔作功，推動鋁箔產生動能，就飛出去啦！

難易度 ★★★★☆　　　　　　　家長陪同　　■必須　　□可自主

配合學校課程　**9 年級上學期　第 3 章　能量**

● 　**實驗材料**

1. 蠟燭
2. 打火機
3. 火柴
4. 竹籤
5. 鋁箔紙

● 　**實驗步驟**

塞入

火柴頭在裡面喔！

1 取一段鋁箔紙，捲在竹籤上，將前端封閉。

2 取下鋁箔紙捲，摘下火柴頭，塞入鋁箔紙捲中。

3 用竹籤將火柴頭頂至前端，完成火柴火箭。

注意安全！

4 在鋁箔紙前端點火，就能發射火箭囉！記得，千萬不要對著人喔！

● 　**從電池到火箭，功與能無所不在**　　　**生活小教室**

●火箭

一開始火箭的名詞是指古早以前，中國人使用火藥綁在箭上，來增加箭的威力，到後來因為相同的原理，使得太空火箭延續了這個名字，火箭在燃燒燃料時，放出大量的氣體，推動火箭升空。

●汽機車引擎

汽機車內的引擎燃燒汽油後，產生的氣體推動引擎來帶動轉軸旋轉。

●子彈

扣下板機時，撞針會去撞擊子彈底部，產生火花並點燃子彈底部的火藥，火藥在手槍內爆炸，推動子彈頭產生前進的動能。

●電池

電池內的化學能，轉變成電能，再轉成馬達的動能，可以帶動許多玩具、小風扇等電器的使用。

科學好好玩 62 ● 迴力車

橡皮筋為什麼能往前跑？

　　以筆來說，用手稍微施力，可以看到筆被稍微折彎，手放開後就變直，這種恢復力就是彈力。彈力會根據物質本身的性質和打造的形狀，而具有不同的恢復大小。迴力車使用的就是橡皮筋的彈力，旋轉木棍，讓橡皮筋變形，彈力位能增加，放到桌上後，橡皮筋的彈力位能便會釋放出來，轉成塑膠罐的動能。

配合學校課程　　**9 年級上學期　第 3 章　能量**

 實驗材料

2. 木棍　　　　　　5. 牙籤

1. 圓柱狀塑膠罐　　3. 橡皮筋　　4. 墊片　　　6. 保麗龍膠

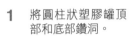 **實驗步驟**

1　將圓柱狀塑膠罐頂部和底部鑽洞。

2　將橡皮筋穿過塑膠罐底部，並用牙籤固定。

3　將橡皮筋依次穿過塑膠罐頂部和墊片，再用木棍固定。

4　用保麗龍膠將牙籤固定。

5　轉動木棍，增加橡皮筋的彈力位能。

6　放在平面上，釋放迴力車衝刺吧！

彈簧與虎克定律

虎克發現，彈簧掛得愈重，彈簧會被拉得愈長，但如果重量超過彈簧可以承受的範圍，彈簧就會疲乏，無法恢復原狀。不同種類的彈簧，將彈簧拉長所需要的力都不一樣，當拉長彈簧需要的力愈大時，彈力係數（k 值）就愈大、愈難拉；反之，彈力係數（k 值）小時，彈簧愈容易拉長。

生活中彈簧使用相當廣泛，例如：

壓縮彈簧：應用在彈簧床、原子筆等。

拉伸彈簧：應用在腳踏車腳架彈簧、健身擴胸器材等。

扭力彈簧：應用在修剪花木的剪刀、晒衣夾。

為什麼杯子會自動轉圈？

　　蠟燭放進杯子內燃燒時，會加熱杯子內的空氣，熱空氣因密度小而向上流動，並從上方杯子的孔隙流出，流出時會推動杯子，將氣體流動的動能，轉換為杯子的動能。

難易度 ★★★★☆　　　　　　　　家長陪同　　□必須　　■可自主

配合學校課程　　**9 年級上學期　第 3 章　能量**

● **實驗材料**

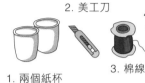
1. 兩個紙杯

2. 美工刀

4. 錐子

6. 打火機

3. 棉線

5. 膠帶

7. 蠟燭

● **實驗步驟**

1 用錐子在其中一個杯子底部鑽一個洞，並用棉線穿過，打結固定。

2 用美工刀在杯子旁邊割出讓空氣流動的孔。

3 將另外一個杯子的側邊割出可以放置蠟燭的洞。

4 將兩個杯子杯口對齊黏在一起。

5 點燃小蠟燭，放進杯子。

6 提起棉線，觀察走馬燈轉動。

生活小教室

● **熱不只可以轉動紙杯喔！**

　　太陽能發電機會利用凹面鏡將陽光聚焦，藉著陽光的熱加熱水或油，隨著溫度上升，水或油變成蒸氣後，蒸氣向上，推動渦輪獲得動能，再將動能轉成電能。

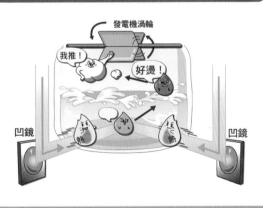

12月分 創意玩科學
電與磁

電是我們現今生活中不可缺少的能源之一,而國中理化中,電學也是非常重要的一個單元,且常常會隨著磁一起出現,尤其電化學的氧化還原與電磁的原理更是必考的內容。電化學是討論電在化學上的應用,包括電池、電鍍、電解、蝕刻等;而電與磁之間可謂密不可分,像早期映像管的電視就會利用帶電粒子在磁場中轉彎。

爸爸的手機有搭配觸控筆,可以直接在螢幕上寫字,小美很好奇,看起來跟普通的筆一樣,為什麼點一點螢幕就可以操作手機呢?

電從哪裡來？
物體摩擦就能產生電

在西元前 5、600 年，人類就發現物體摩擦後，可以吸引其他東西，之後經過研究，才知道是因為摩擦讓兩個物體之間帶電。物質摩擦帶電，主要是物質內帶電的電子因摩擦獲得能量後跑掉，使得物質一邊帶正電，一邊帶負電，而這種電如果存在物質中且不移動，便稱為靜電。

古老的地中海文獻中，就記錄了琥珀摩擦貓毛之後，可以吸引羽毛的現象。

因為玻璃棒比較容易失去電子，所以玻璃棒和絲絹摩擦後，玻璃棒帶正電，絲絹帶負電。

電「流」是真的會流動嗎？

當電荷一旦開始流動，便會形成電流。在電線中的電荷流動是以電子為主，但常聽到的電流方向是指正電荷流動的方向。

電流分為直流電和交流電兩種，若是電流的方向是一直固定的，不會隨時間改變，此種電流稱為直流電；反之，若是電流的方向會隨著時間而改變，則稱為交流電，家裡插座所流出的電流便是交流電。

電子如何流動

電子在導線裡流動，必須受到電壓的推動，就像水會因為高低差而流動，電要流動一樣需要高低差，而這個高低差我們稱為「電壓」。電子會從高能量往低能量移動。

● **導體**

導體指的是能夠讓電流通過的材料，也就是可以讓電荷在物體內自由流動，常見的導體有金屬、石墨和電解質溶液。

● **半導體**

半導體的導電性，在絕緣體以及導體之間。半導體的導電能力剛好與金屬相反，溫度愈高時，半導體的導電能力愈強，所以當機器運轉時產生的熱讓溫度上升，半導體導電能力會隨著上升，因此半導體常應用在科技產業中。

晶圓

© Stahlkocher

IC(縮小型電路)

LED(發光二極體：
以半導體製成的發光體)

© Afrank99

● **超導體**

室溫下，電子流動時如果碰撞到電路內的阻礙（電阻），會讓電子能量耗損，而超導體是指某些物質，降到特定溫度後，電子和電阻的碰撞並不會消耗能量，所以可以做長距離的電力傳輸。

能量消耗

超導體

棉花棒＋鋁箔紙就能做觸控筆？

　　現在市面上的手機面板多屬於電容式面板（電容是一種儲存電荷的裝置），在面板的四角，會持續通電，讓面板的電容維持一個定值，此時，只要是任何的導體，金屬或是我們的手觸碰到面板，改變了面板的電容，透過電容的變化，就可以推算出手與面板的接觸點，進而下達指令。

實驗材料

1. 鋁箔紙　　2. 棉花棒　　3. 剪刀

實驗步驟

1　剪一小塊鋁箔紙。

2　把棉花棒的一端包起來。

3　用包了鋁箔紙的一端在手機螢幕上點點看。

4　不只手機，IPAD 也可以使用喔。

生活小教室

愈來愈常見的觸控裝置

　　電阻式觸控面板有上下兩層導電層用隔球隔開，按壓面板，會使導電層互相接觸，改變電阻值，透過電阻變化來推算面板的接觸位置。電阻式面板成本較低，因此廣泛使用在 PDA、點餐、電子字典、信用卡簽名機，但是因為長期敲擊按壓的關係，會比較容易損壞，靈敏度也較低，所以目前 3C 產品才多是電容式。

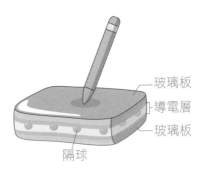

玻璃板
導電層
玻璃板
隔球

電池發明以前的儲電裝置

　　萊頓靜電瓶是一種儲存靜電的裝置，早期電池還沒有出現的時候，萊頓靜電瓶是電學研究時的供電來源。

難易度 ★★☆☆☆　　　　　　家長陪同　□必須　■可自主

配合學校課程　**9年級上學期　第4章　電流、電壓與歐姆定律**

實驗材料

2. 鋁箔紙

1. 塑膠杯兩個　　　　3. 塑膠管　　4. 布

實驗步驟

1 用鋁箔紙把兩個塑膠杯外面包起來。

2 將鋁箔撕成一個長條，將兩個杯子疊起來，長條鋁箔紙夾在中間。

3 用布摩擦塑膠管後，拿塑膠管接觸長條鋁箔，重複此步驟數次。

4 用一隻手握著杯子，另一隻手觸摸長條鋁箔紙，會發生什麼事呢？

生活小教室

靜電瓶怎麼儲電呢？

我們過去那邊玩～

喔～親愛的！

負　正

1 將摩擦後帶負電的塑膠管接觸靜電瓶中間的金屬棒。

2 電子會沿著金屬棒跑到瓶內的鋁箔，並且吸引瓶外鋁箔上的正電。

3 此時會將瓶外的鋁箔接地，讓瓶外鋁箔的電子延著導線跑掉。

負　正

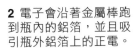

4 就會形成瓶內帶負電，瓶外帶正電的狀態。

親愛的～我來啦！

通路

靜電瓶又要怎麼放電呢？只要將靜電瓶內外接上，形成通路，電子就會朝喜愛的正電跑去，就會感覺到電啦！

Penny 老師教你創意玩科學　　235

電流塞車會怎樣？

　　在新聞中常看到電線老舊短路走火，由此可以知道，原來電流在線路裡面傳送時，如果短路會快速發熱，讓電線燒斷。因此我們將鋁箔紙裁成中間凹陷的弧形，讓電阻變高，再加上短路情況下，就會放出大量的熱，造成衛生紙燃燒。

難易度 ★★★★★ 　　　　家長陪同　■必須　　□可自主

配合學校課程　**9年級上學期　第4章　電流、電壓與歐姆定律**

● **實驗材料**

2. 口香糖鋁箔包紙

1. 乾電池　　　3. 剪刀　　　4. 衛生紙

● **實驗步驟**

1　準備好抹布與水桶等滅火工具。

2　拿一張衛生紙。

3　把口香糖的鋁箔紙兩側剪成凹的弧形，放在電池正負極上。

4　中間對著衛生紙，即可燃燒。

生活小教室

● **家裡有哪些「將電轉成熱能」的器具呢？**

　　這種因為電產生熱能的現象，我們稱為電流的熱效應，許多電器在使用時都會產生熱能，多數散失到空氣中。但有些加熱的家電，在使用上便是利用這樣的原理喔！

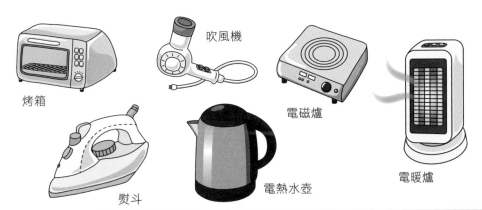

吹風機

烤箱

電磁爐

電暖爐

熨斗　　　電熱水壺

把水變電池！
氧化還原造成的電轉移

電化學是化學中的一個分支，主要是在討論發生電轉移的化學反應，比如電鍍、電解、電池等，其原理為物質之間發生氧化還原反應，造成電的轉移。

- 氧化是指物質失去電子，使物質的氧化數上升。
- 還原是指物質得到電子，使物質的氧化數下降。
- 氧化數是指化合物中，元素對電子吸引力不同，所假設的相對帶電量。

因為氧化還原是一起發生的，有物質失去電子就會有物質得到電子，發生氧化的物質當作還原劑，使另外一個物質得到電子而還原；反之，發生還原的物質當作氧化劑，使另外一個物質失去電子而氧化。

當物質發生氧化還原反應時，我們可以物質氧化的傾向或還原的傾向來判斷，以金屬為例，我們會用金屬的活性來判斷什麼物質氧化，什麼物質還原。以銅和鐵為例，因為鐵比銅的氧化傾向更大，因此當鐵釘泡在含有銅離子的硫酸銅溶液中，銅離子就會和鐵進行氧化還原，銅離子還原成銅，鐵則氧化成鐵離子。

大 ⟨ K Ba Ca Na Mg Al Mn Zn Cr Fe Cd Co Ni Sn Pb Sb Bi Cu Hg Ag Pd Pt Au ⟩ 小

・金屬活性大小（以氧化還原電位排序）

◉─電轉移能用來做什麼？

● 電鍍

「電鍍」簡單來說就是將金屬鍍在其他物體表面的過程，鍍不同金屬的目的都不太一樣，比如在鐵的表面鍍銅，是為了避免鐵生鏽。

在生活中，電鍍還具有什麼功用呢？

1 為了防止金屬生鏽，會鍍活性低的銅，來保護金屬內部，如鑰匙。
2 鍍上金、銀或銅，使物體擁有金屬光澤、增加美觀，如項鍊。

3 提高物品的耐磨度。外層鍍上金屬，避免直接磨損裡面的金屬，如手機。
4 提升產品價值及質感。在鐵製的戒指上鍍上一層黃金，外觀就像金戒指
一樣囉！

● 電解

接黑電線 接紅電線
負極（－） 正極（＋）

電解是對電解質或熔融態的物質通電，在兩極會產生氧化
還原反應，藉此得到化合物或元素。以電解水為例，電解
水時，水會在兩極產生氧化還原反應，正極會產生氧氣，
負極產生氫氣，再透過排水集氣法，就可以得到較純的氫
和氧。

在工業上有許多元素都是利用電解來製作，例如：
1 電解熔融態的氯化鈉，可在陰極獲得金屬鈉，陽極獲得氯
氣。
2 電解熔融態的氧化鋁，可在陰極獲得金屬鋁。
3 銅元素從銅礦中提煉出後，因為所含雜質較多，所以會再進行一次電解，
來獲得純度較高的精銅。

● 電池

電池的電是來自兩種物質發生氧化還原時，所轉移的電子，
我們將電器接在電池的正負極，使整個迴路形成通路，電
子就會流經電器，使電器運作。隨著使用，電池內的物質
完成氧化還原的愈多，電就會愈來愈少，直到反應完畢。

1 最早的化學電池

最早的化學電池是科學家伏打發明的伏打電堆，他是利用
兩種不同活性的金屬，中間夾著一層沾滿鹽水的布，所堆
疊起來。

© Luigi Chiesa

2 最早的儲電裝置

其實最早的儲電裝置是先前介紹過的萊頓靜電瓶，但萊頓靜電瓶只能一次
性的放電，之後必須再充電，因此算是電容，而不是電池喔！

3 充電電池

在生活中有許多電池是可以反覆使用的，比如汽機車電瓶、手機電池和一
般 3A 大小的充電電池，這些電池是將放電後的產物，再次通電電解，將
反應後的產物電解回尚未產生反應前的狀態，就可以重複使用。

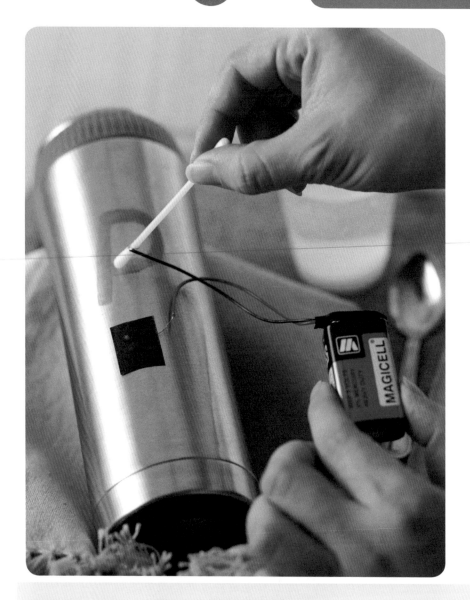

棉花棒＋鹽水＋電池，在家也能做電鍍

　　通電蝕刻是用棉花棒沾濃鹽水後，利用鹽水和金屬發生氧化還原反應，金屬會氧化變成金屬離子，讓金屬被腐蝕，使表面產生凹陷，就可以得到自己想要的圖案或文字囉。

難易度 ★★☆☆☆　　　　家長陪同　　□必須　　■可自主

配合學校課程　**9 年級下學期　第 1 章　電流的熱效應與化學效應**

⊙ 實驗材料

2. 棉花棒
4. 9V 電池底座
6. 電火布

1. 濃鹽水　　3. 9V 電池　　5. 湯匙

⊙ 實驗步驟

1 取電池座正極一端電線,用電火布貼在湯匙柄的底部。

2 另一端負極電線纏繞在棉花棒的一端。

3 裝上 9V 電池。

4 用棉花棒沾鹽水,在湯匙柄上用力寫下自己的名字。

生活小教室

⊙ 蝕刻有兩種,乾式和溼式

　　蝕刻是指將金屬表面去除,顯現出獨特的紋路。方法有兩種,化學的溼式蝕刻及物理的乾式蝕刻。

　　溼式蝕刻是利用藥劑與物質進行氧化還原來達到蝕刻的效果,如果是利用通電的蝕刻方法,則金屬活性愈高,所需的電壓較小,如果活性不大,則通電所需的電壓就較大。

　　乾式蝕刻是利用惰性氣體離子,高速撞擊欲去除的部分,乾式蝕刻會在一個容器內,施以電壓,將惰性氣體離子化,而在陰極的靶材,因為帶負電,所以會吸引帶正電的氣體離子加速衝擊,產生蝕刻的效果。

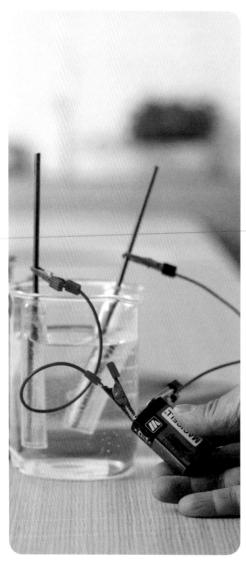

把水變成電池？！

氫氧電池是透過電解水進行氧化還原反應，產生氫氣和氧氣，再利用氫氧進行逆反應而放電。

難易度 ★★★★★　　　　　家長陪同　　■必須　　□可自主

配合學校課程　**9 年級下學期　第 1 章　電流的熱效應與化學效應**

◉ 實驗材料

2. 膠帶

4. 氫氧化鈉

6. 鱷魚夾

5. 碳棒兩根

8. LED 燈

1. 透明吸管

3. 寶特瓶

7. 9V 電池

◉ 實驗步驟

密封

1　將透明吸管剪半，並用膠帶密封在碳棒上。

2　將氫氧化鈉裝入寶特瓶加水。

3　在瓶蓋上穿兩個孔後，將碳棒插入瓶蓋並蓋起。

4　將鱷魚夾接上碳棒和電池通電觀察，此時負極產生氫氣、正極產生氧氣。

等待約10分鐘

短腳

長腳

5　將電池取下，將正極（氧氣端）接上 LED 長腳、負極（氫氣端）接上 LED 短腳，觀察燈是否亮起。

新型能源：氫燃料電池

　　燃料電池是一種新型的前瞻性能源，是利用燃料來進行發電的電池，氫燃料電池是藉由觸媒，將氫的電子和質子分開，電子通過外電路，來供給電器使用，最後再與質子和氧氣結合變成水。

●優點

1　氫燃料電池補充的是氫燃料，只要有足夠的燃料補充，便可以持續運作。
2　氫燃料的發電效率是傳統火力發電的 2 ～ 3 倍，是極有效率的發電方式。
3　氫燃料最後的產物是水，沒有污染的問題。

●缺點

1　氫燃料電池的電極是利用白金做成，成本較高。
2　比較適合中低瓦數的發電，如果要使用燃料電池做為發電廠的發電來源，就需要使用較便宜的固態氧化物燃料電池。
3　儲存氫能源的材料價格昂貴。

●應用

因為氫能源是一種乾淨的能源，也受到許多科學家的重視，氫燃料電池最早應用在航太中，是除了太陽能外，太空梭上的第二種能源，且產生的水還可以供給太空人飲用，而現在也有許多車廠在致力研發氫燃料電池，做為車輛的動力來源，減少污染。

©James Humphreys

（上）運用氫燃電池做為汽車引擎動力。
（左）太空梭使用的氫燃電池。

原來木炭可以導電！

　　木炭電池的材料為鋁及氧，鋁和空氣中的氧進行氧化還原反應，鋁因為活性大，失去電子而氧化，氧則獲得電子而還原，木炭則是導體，木炭必須是備長炭或是活性碳，因為其中的孔隙多，可以儲存更多的氧氣，且炭的純度高，才能發揮導電的作用。

難易度 ★★★★☆　　　　　　　家長陪同　　□必須　　■可自主

配合學校課程　**9 年級下學期　第 1 章　電流的熱效應與化學效應**

實驗材料

2. 鹽水

3. 鱷魚夾

4. 抹布

5. LED 燈

6. 350cc 的可樂鋁罐

7. 開罐器

1. 備長炭

實驗步驟

1　用開罐器將可樂鋁罐頂部裁掉。

2　挑選三塊可以放進鋁罐的備長炭。

3　用抹布沾鹽水,包住備長炭下半部,放入鋁罐中。

4　用鱷魚夾以鋁罐→備長炭→鋁罐→備長炭→鋁罐→備長炭的方式連接。

5　將前後兩個鱷魚夾接上 LED 燈,備長炭接長腳,鋁罐接短腳。

6　觀察 LED 燈是否發亮,如果不亮,請檢查鱷魚夾是否接錯。

○ 明明都是炭，哪裡不一樣？

備長炭

備長炭所使用的木材多為老目櫪、馬目櫪等堅硬的樹種，硬度非常高，鋼製的鋸子也無法鋸斷，其精煉溫度高達 1,000～1,200℃，所含的雜質較少，孔隙也多，除了燃燒火力強之外，也常用來濾水和過濾空氣。

© STRONGik7

備長炭又稱做白炭是因為精煉後，會撒上白色的滅火粉滅火，使外觀部分變成白色。

黑炭

我們平常烤肉用的木炭就屬於黑炭，黑炭所使用的木材通常是比較軟的木柴，悶燒精煉的溫度大約是 600～800℃左右，含有的雜質較多，孔隙也較少，不適合過濾水源。

© Upyui

活性碳

活性碳為黑色顆粒或粉末狀的碳，最大的特色就是在表面有許多孔洞，這些孔洞深入活性碳的內部，可以用來吸住微小的雜質，將空氣或是水中的雜質過濾乾淨。活性碳上的細小孔隙，可以增加活性碳的表面積，讓活性碳和雜質的接觸面積加大，以吸住更多的雜質，一公克的活性碳表面積為數百至 1,000 平方公尺，最大可至 1,200 平方公尺，大約八個網球場的大小喔！

雜質

© Self

有我也有他！
密不可分的電與磁

在以前科學家研究電和磁時，兩者是互不相干的，電是電，磁是磁，直到丹麥的物理學家厄斯特，他在一次上課的時候，無意中發現通電導線附近的指南針發生偏轉，才開始研究，最後發現了電與磁之間，密不可分的關係。

⊙ 電流愈大，磁場愈大

　　電流磁效應是描述通電導線附近會產生磁場，後來經過科學家必歐與沙伐的實驗，發現了磁場大小和電流強度以及距離導線的遠近有關，當電流愈大或距離導線愈近，磁場的強度也會愈大。後來經過科學家安培研究，得到了導線通電時的磁場方向。

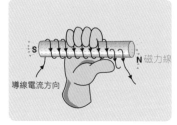

將右手握起比一個讚，以大拇指方向為電流方向，則剩餘四指的握起方向就是磁場方向。

當線圈為螺線形的樣子時，通入電流後以四指方向為電流方向，則此時大拇指所指的方向變成磁場的 N 極，另一邊則是 S 極。

⊙ 鐵釘也可以變磁鐵

● 電磁鐵

一般來說以導線所製造出來的磁場並不大，我們可以在螺線管中加入可磁化的鐵釘，鐵釘被螺線管的磁場磁化後變成磁鐵，這種用電製作出來的磁鐵，我們稱為電磁鐵，電磁鐵可以用來吸引鐵磁性的金屬或是磁鐵。許多汽車回收場便是利用強力的電磁鐵來搬運車輛。

● 鐵釘的磁化

一般可以被磁鐵所吸引的東西我們稱做鐵磁性物質，簡單來說，可將鐵釘的

內部視為一個個的小磁鐵，在原本雜亂的分布下，磁性互相抵消，所以沒有磁場存在。但在外部磁鐵靠近時，鐵釘內部會因為磁性相吸，讓原本雜亂分布的小磁鐵重新排列，如此一來鐵釘就帶有磁性了。

・未磁化

・磁化

　　自從電流的磁效應發現之後，就有科學家開始思考，既然電可以生磁，那究竟磁可不可以生電呢？這一研究，過了將近 10 年，才由科學家法拉第發現了磁生電的現象。

◉─ 電生磁，磁也可以生電嗎？

　　自厄斯特發現了電流磁效應後，許多科學家便猜想著磁生電的可能，在 10 年的研究中，法拉第試過了各種的方法，利用了各種磁鐵，改造了各種線圈，某一次實驗失敗後，他忍不住將磁鐵亂丟，而這磁鐵剛好掉進一個線圈當中，此時，他注意到線圈上的檢流計指針發生了偏轉，於是他便發現了，在線圈中如果磁場大小發生變化，線圈就會產生電流。

　　之後，科學家冷次解釋了電磁感應中，電流所產生的方向。在電磁感應中，線圈會抵抗磁鐵所帶來的磁場變化，比如當磁鐵 N 極靠近時，線圈為了抵抗，產生感應電流，而感應電流所造成的磁場方向就是去抵抗 N 極的方向，再藉由安培右手定則，我們便可以知道電流的流向。

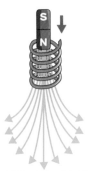
磁鐵靠近時，線圈內的磁場變大。

磁鐵遠離時，線圈內的磁場變小。

線圈為了抵抗 N 極的靠近，會產生感應電流，製造磁場去抵抗。

當 N 極要遠離時，線圈為了抵抗 N 極離開，便會產生感應電流，產生 S 極去吸引 N 極。

◉—科技新趨勢：無線充電

　　無線充電的原理，就是利用磁場的變化，來使電器內的線圈產生感應電流，電流再對電器內的電池充電。無線充電目前已經使用在電動牙刷等小電器上，未來有可能會發展到更多電器使用上，比如智慧型手機等。

無線充電的優點	無線充電的缺點
無須接通電路，減少觸電的危險。	效率較低，有許多的能量會轉成熱能損耗掉。
充電電路在電器內，減少腐蝕損耗。	所使用的線圈電路，會比直接充電的電路成本來得高。
可對人體內的電子用品進行充電，不必以電線穿進人體內，可減少感染的風險。	充電時裝置必須擺放在充電線圈上，不可任意移動。

無形的磁力推手

　　通電導線所產生的磁場，會和磁鐵的磁場產生排斥或是吸引，讓導線獲得力而開始轉動。

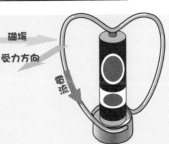

磁場
受力方向
電流

難易度 ★★★★☆　　　　　　　家長陪同　　□必須　　■可自主

配合學校課程　**9 年級下學期　第 2 章　電與磁**

● **實驗材料**

1. 強力磁鐵　　2. 電池　　3. 銅線

● **實驗步驟**

1　將銅線彎折成左右平衡的形狀，高度要配合乾電池的大小。

2　將磁鐵放在乾電池底部，磁鐵會緊緊吸住電池。

3　把彎折好的銅線放上去。

4　銅線會快速旋轉，如果銅線不會旋轉，可調整銅線與磁鐵的接觸點，不要太緊，但必須接觸，才能構成通路。

生活小教室

● **電視機也是利用磁場來顯像**

　　電子在磁場中移動，也會受到磁力的作用，在傳統的電視映像管中，便是利用磁場來調整電子的方向，使電子可以打在特定的位置上，激發屏幕上的螢光粉來顯示影像。

科學好好玩 **71** 自製喇叭

為什麼小小箱子卻可以把聲音放大？

 喇叭

喇叭的基本元件是線圈、磁鐵和震動膜，透過輸入電子訊號，使線圈和磁鐵產生交互作用，並帶動震動膜來發出聲音。

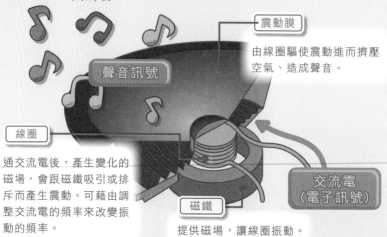

震動膜
由線圈驅使震動進而擠壓空氣、造成聲音。

聲音訊號

線圈
通交流電後，產生變化的磁場，會跟磁鐵吸引或排斥而產生震動。可藉由調整交流電的頻率來改變振動的頻率。

磁鐵
提供磁場，讓線圈振動。

交流電
（電子訊號）

線圈通電時會產生磁場，所以當線圈通交流電時，會產生不停變換的磁場。

電流方向不同，我產生的磁場就不同

若是有磁鐵在此線圈旁邊，線圈產生的磁場會跟磁鐵一下子相吸，一下子相斥，不斷的來回震動。

過來嘛～

你走開！

喇叭（揚聲器）裡面有震動膜片黏在線圈上，隨著線圈一起做震動。

你幹嘛一下拉我，一下推我？

震盪中的膜片會擠壓附近的空氣，使空氣一起振動進而產生聲音。

難易度 ★★★★★　　　　　　家長陪同　　□必須　　■可自主

配合學校課程　**9 年級下學期　第 2 章　電與磁**

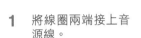 **實驗材料**

2. 紙杯兩個

5. 保麗龍膠

7. 剪刀

1. 線圈　　3. 音源線　4. 強力磁鐵　　6. 雙面膠

 **實驗步驟**

1　將線圈兩端接上音源線。

2　將線圈黏在紙杯底部。

3　剪下另外一個紙杯的底部，黏上強力磁鐵。

4　將紙杯放在磁鐵上面，但線圈不要碰到磁鐵。

5　將音源線接手機，放出音樂，聽聽看有沒有聲音？

原理不同，效果一樣

生活小教室

　　麥克風的原理剛好與喇叭相反，是將聲音訊號轉成電子訊號，當聲波進入動圈式麥克風後，震膜受到聲波影響，會帶著線圈在磁鐵的磁場中來回振動，透過電磁感應，轉換成電磁訊號。

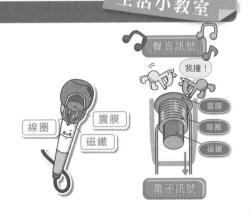

線圈　震膜　磁鐵

聲音訊號　我撞！　震膜　線圈　磁鐵　電子訊號

不需要裝電池也能發亮

　　自製手電筒是利用電磁感應的原理來發電，不斷搖晃吸管，管內的磁鐵便會左右來回通過線圈，使得線圈產生感應電流，去抵抗磁場的變化而發電。

難易度 ★★★★☆　　　　　　家長陪同　　□必須　　■可自主

配合學校課程　**9 年級下學期　第 2 章　電與磁**

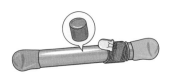

● **實驗材料**

2. 小氣球　　4. 金屬線圈（約 40 號漆包線 700 圈）

7. 膠帶

1. 粗吸管　　3. 強力磁鐵

5. 剪刀　　6. LED 燈

● **實驗步驟**

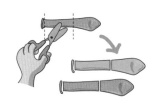
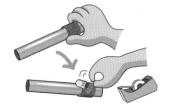

1 將氣球剪成三段。

2 把漆包線圈套在吸管外，將線頭的兩端的漆去除後，分別與 LED 相接後，固定在吸管上。

3 吸管中放入強力磁鐵，再用氣球套在吸管末端，將吸管封住。

4 搖搖看，當磁鐵通過線圈時，燈是不是亮了呢？

生活小教室

● **臺灣常見的發電方式**

　　現代發電廠的發電方式，除了太陽能發電外，其他多數的電場，都是透過推動發電機的線圈，使得通過線圈的磁場不斷發生變化，產生感應電流來發電。

火力發電廠

　　以燃燒天然氣、燃煤、燃油等石化材料為主，藉由燃燒時產生的熱量加熱水變成水蒸氣，水蒸氣的動能推動發電機的渦輪線圈來發電，火力目前的發電量，占臺灣發電量 70% 以上。

核能發電廠

　　以鈾核分裂所產生的巨大能量加熱水變成水蒸氣，水蒸氣推動發電機來發電，約占臺灣發電量的 20% 左右。

科學先修班
地球科學

在國中九年級以及高一，會開始進入到地科的內容，地科的內容非常廣泛，只要和地球有關的現象都包含在內，是一門很深的學問，學生在準備地科的過程中，往往會看著課本上的敘述而不知所措，本章透過天氣瓶、晶靈世界和百慕達三角等實驗，讓大家更了解地球上發生的科學現象。

明天要去遠足，希望不要下雨才好，小明看著電視上的氣象預報，那一圈一圈的等壓線究竟是什麼啊？跟天氣又有什麼關係呢？

25 可以預測天氣的瓶子？
地球人不可不知的地球科學！

天氣瓶又稱做暴風瓶，起源於 18 世紀的英國，相傳是可以預測天氣的一種工具，但經過科學家的研究之後發現，天氣的變化與溫度、溼度和氣壓等許多因素有關，而暴風瓶的溶液是密封的，只能感受到溫度變化，所以暴風瓶的變化只可以觀測到氣溫的改變。

1 如果有大片的結晶分布，為低溫寒冷的天氣。

寒冷

2 如果有少量大片的結晶，表示寒冷的天氣回暖。

回暖

3 瓶子頂部有絲狀結晶，則是颱風或下雨的天氣。

雨天

4 天氣瓶中的液體如果澄清，就是晴朗的好天氣。

晴天

 **風從哪裡來？**

　　空氣在流動的時候就會產生風，究竟空氣是怎麼流動的呢？空氣中有許多氣體（像氧氣、二氧化碳等），隨著地點以及溫度的不同，每個地方的氣體數量都不一樣，而氣體會往氣體比較少的地方移動，風就是這樣產生的。

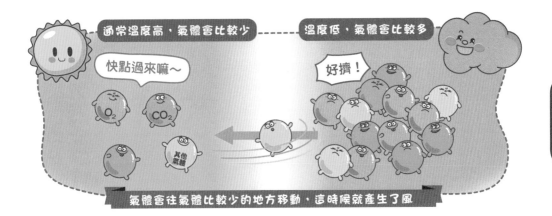

當愈多的氣體一起往氣體非常少的地方擠過去，產生的風就會比較強，一般來說，暴風雪的風速每小時可以跑 56 公里以上，比輕度颱風的風速稍微慢一些，但是強烈的暴風雪風速可以達到每小時 100 公里以上，已經接近中度颱風的風速了。

0～7級 一般	8～11級 輕颱	12～15級 中颱	16～17級 強颱
0～62	63～117	118～183	184～220

風速 　　　　　　　　　　　　　　　　　　　　　　　　　　(公里/小時)

颱風不是愈強，造成的危害就愈大，還要取決於其帶來的降雨量，
所以若輕颱或中颱帶有大量的雨水，所造成的災害可能大於強颱，
例如：2009年的莫拉克中颱造成的損失就比許多強颱來得多。

2009年莫拉克中颱
損失：195億元

2007年聖帕強颱
損失：18億元

◉─ 為什麼會下雪？

　　雪是在雲中的水蒸氣或水凝結成冰，當冷氣團開始發威，雲中的溫度達
到了 0℃，水會開始凝結成冰，當愈來愈多的水凝結成冰，並且聚在一起，
隨著重量變重而落下，就形成了雪。在許多的電影卡通裡，雪花往往都呈現
非常漂亮的形狀，這是因為在結冰時，水會規律的排列凝結在一起，呈現出
漂亮的形狀！

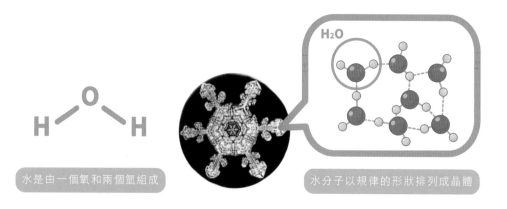

H_2O

水是由一個氧和兩個氫組成

水分子以規律的形狀排列成晶體

可以預測氣象的祕密

　　暴風瓶裡面有樟腦、氯化銨和硝酸鉀三種物質，溶液是由水和酒精組成的酒精水溶液，暴風瓶裡的結晶變化是因為在不同溫度下，三種物質對酒精水溶液的溶解度和結晶的速度不一樣，互相作用所形成的美麗結晶。

樟腦

早期的樟腦是從樟樹中提煉出來，現在多是以化學合成的方式來獲得，可以用來除臭驅蟲。

外觀：白色或無色晶體。
性質：難溶於水，可溶於酒精，有刺激性味道。
用途：除臭、驅蟲、製作早期火藥的材料之一。

！ 蠶豆症患者不能接觸到樟腦！

硝酸鉀 (KNO$_3$)

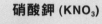

外觀：白色粉末。
性質：溶於水，微溶於酒精。為強烈的可燃性物質。
用途：製作火藥、提煉肥料等。

熱　　溫

冷

硝酸鉀

我們三個的結晶速度和溶解度不同，會形成美麗的結晶。

樟腦

氯化銨

氯化銨 (NH$_4$Cl)

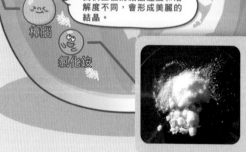

外觀：無色或白色晶體。
性質：易溶於水，微溶於酒精，水溶液呈弱酸性。
用途：製作肥料、乾電池的添加物等。

● 可以預測天氣的瓶子？地球人不可不知的地球科學！

難易度 ★★★☆☆　　　　　　家長陪同　　■必須　　□可自主

配合學校課程　**9 年級下學期　第 3 章　變化莫測的天氣**

🔵 實驗材料

 硝酸鉀
 氯化銨
 酒精

 樟腦粉

2.6 公克氯化銨　　　　　4.85 毫升蒸溜水

6.25 公克樟腦粉

8. 攪拌棒

1.6 公克硝酸鉀　　　3.100 毫升酒精　　　5. 燒杯　　　　　　7. 瓶子

🔵 實驗步驟

1　溶液 A：將硝酸鉀和氯化銨溶解於水中，攪拌均勻。

2　溶液 B：於另外一個燒杯內，將樟腦粉溶解於酒精中，攪拌均勻。

3　將溶液 B 加到溶液 A 中，攪拌均勻。

未來隨著不同天氣結晶也會有所改變喔！

4　把混合好的溶液 A ＋ B 倒入玻璃容器，蓋緊蓋子，靜置一週後，觀察瓶內結晶變化。

大自然的美麗結晶！

　　水晶是大量的石英結晶而成，主要成分為二氧化矽，是從富含二氧化矽的地下水中結晶而得，水晶的產生必須在特定的條件下，才能結晶出較大且透明的晶體，否則只會產生混濁細小的結晶。

水晶產生的過程與條件是什麼呢？

地下水中必須富含二氧化矽。

好熱好擠…

環境大約 570～600℃，壓力大約需要 2～3 大氣壓。

長出水晶了！

水乾了

在足夠的溫度及壓力下，經長時間水分蒸發及冷卻，才有機會形成較大晶體。

　　形成大型水晶的條件非常嚴苛，只要矽砂、溫度、壓力或地質發生變化，就會讓水晶生長變慢，甚至有可能變成不透明的石英。

● 成分相同為什麼顏色不同？

　　水晶有非常多種類，白水晶、黃水晶、紫水晶……，其主要的成分都是二氧化矽，但是為什麼會有這麼多種顏色呢？這是因為水晶裡微量化合物所造成的變化。

© Didier Descouens

黃水晶的顏色為三價鐵（Fe^{3+}）反射出的顏色。

© Eric Hunt

紫水晶中的三價鐵（Fe^{3+}）會取代矽，使結構上發生改變，吸收大部分光線反射紫光。

© Carles Millan

綠水晶中參雜了微量的鎂鐵化合物。

自製水晶

　　將毛根或蛋殼放進高溫的飽和明礬水溶液中，等到溶液冷卻，形成過飽和溶液，此時明礬便會析出，並且結晶在毛根或蛋殼上。

難易度 ★★★★☆　　　　　家長陪同　　■必須　　□可自主

配合學校課程　　**9 年級下學期　第 5 章　地球的環境**

實驗材料

2. 鍋子

5. 毛根

1. 電磁爐　　　　3. 色素　　4. 明礬

實驗步驟

1 將 20 公克的明礬倒入 100 毫升的水中，加熱成為飽和溶液。

2 將毛根折成自己喜歡的形狀。

3 把剛剛折好的毛根放入明礬的飽和水溶液。

4 靜置冷卻一小時後，毛根長滿了結晶。

> 結晶形成的時間和樣式，與溫度變化有極大關係，溫度愈低結晶時間愈快。

慢慢長大的矽晶棒

生活小教室

　　矽晶圓是製作電晶體的材料，對矽的純度要求非常高（需 99.9999999%），透過荷蘭科學家柴可拉斯基在 1916 年所發明的方法，可以慢慢拉出高純度的矽晶棒，因為矽晶棒看起來像是慢慢長大的樣子，因此又稱做長晶。

© Alchemist-hp

1 把矽原料放進長晶爐中加熱熔化。

2 將矽晶種放入液體中。

3 液體中的矽元素會附著在矽晶種上。

4 隨著晶體附著，長出矽晶棒。

讓船沉沒的泡泡

　　吹氣時，產生的大量泡泡，會使得水的平均密度下降，當船的密度比水大時，就會往下沉了。

難易度 ★★☆☆☆　　　　　家長陪同　　口必須　　■可自主

配合學校課程　**9 年級下學期　第 4 章　全球變遷**

◉ 實驗材料

2. 可彎吸管　　　4. 剪刀　　　　　　6. 寶特瓶（瓶蓋先鑽洞）

1. 海綿　　　　3. 鋁箔紙　　　5. 保麗龍膠

◉ 實驗步驟

　　　　　　　　　　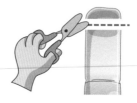

插入

1　把可彎吸管較短的一端插入寶特瓶瓶蓋的洞口中，並用保麗龍膠黏好。

2　將寶特瓶底部剪掉。

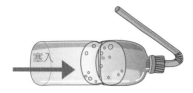

塞入

放入

3　把海綿塞到寶特瓶的凹凸處後，旋緊瓶蓋。

4　寶特瓶內裝水，再將小船放入瓶內。

吹氣

5　對吸管吹氣並觀察小船的情形。吹氣前可先用手按住吸管，防止水流出。

　● 可以預測天氣的瓶子？地球人不可不知的地球科學！

◉— 解密百慕達三角！

　　百慕達三角為英屬百慕達群島、美屬波多黎各及美國佛羅里達半島南端所形成，百慕達三角經常發生船隻或飛機神祕消失的事件，且連船和飛機的殘骸碎片都找不到。

近來根據科學家的研究，導致事件發生的原因有下列幾種可能：

1 深海區的岩漿噴發

　　海底火山爆發，除了海水沖起之外，大量的氣泡會使得海水密度下降，浮力無法支撐船隻而沉船。

2 可燃冰

　　可燃冰是固態的水在晶格中包含著甲烷，一旦甲烷脫離冰晶，甲烷氣泡大量上沖，便有可能在海面形成 30 公尺的潮汐波，會在瞬間打翻任何的船隻。

　　此外，因為甲烷的密度較低，無法提供船以及飛機足夠的浮力，只要船或飛機行經大量的甲烷上方，便有可能失去浮力而沉沒。

　　甲烷還可能會影響飛機測高儀的功能。因為甲烷密度較小的關係，會讓測高儀顯示飛機正在上升中，這時機師只要相信了儀器，調整往下，就有可能發生意外。

3 海龍捲、颶風和閃電

　　海龍捲、颶風和閃電這三種氣候現象，在百慕達三角也常常出現，可能會無預警的襲擊船隻或飛機，造成意外。

© Th. Walther

小麥田

知識館 5

Penny 老師教你創意玩科學

黑膠唱片機、針孔相機、擴音喇叭……全部自己做，
25 個必學原理 ╳ 75 個超酷實驗，在家上最有趣的理化課！

作　者	Penny 老師 陳乃綺
製作協力	蘇聖元（文字）、上尚文化（插圖）、陳一辰（行銷）
攝　影	子宇影像 徐榕志
美術設計	徐小碧
特約編輯	余純菁
責任編輯	巫維珍
國際版權	吳玲緯、蔡傳宜
行　銷	何維民、吳宇軒、陳欣岑、林欣平
業　務	李再星、陳紫晴、陳美燕、葉晉源
副總編輯	巫維珍
編輯總監	劉麗真
總經理	陳逸瑛
發行人	涂玉雲
出　版	麥田出版
	10483 台北市中山區民生東路二段 141 號 5 樓
	電話：(02)2500-7696
	傳真：(02)2500-1967
發　行	英屬蓋曼群島商家庭傳媒股份有限公司
	城邦分公司
	10483 台北市中山區民生東路二段 141 號 11 樓
	網址：http://www.cite.com.tw
	客服專線：(02)2500-7718 ｜ 2500-7719
	24 小時傳真專線：(02)2500-1990 ｜ 2500-1991
	服務時間：週一至週五 09:30-12:00 ｜ 13:30-17:00
	劃撥帳號：19863813　　戶名：書虫股份有限公司
	讀者服務信箱：service@readingclub.com.tw
香港發行所	城邦（香港）出版集團有限公司
	香港灣仔駱克道 193 號東超商業中心 1／F
	電話：+852-2508-6231
	傳真：+852-2578-9337
馬新發行所	城邦（馬新）出版集團 Cite (M) Sdn Bhd.
	地址：41-3, Jalan Radin Anum,Bandar Baru Sri Petaling,
	57000 Kuala Lumpur, Malaysia.
	電話：+603-9056-3833
	傳真：+603-9057-6622
	讀者服務信箱 :services@cite.my
印　刷	前進彩藝有限公司
初　版	2017 年 6 月
初版六刷	2021 年 9 月
售　價	380 元

國家圖書館出版品預行編目資料

Penny 老師教你創意玩科學 / 陳乃
綺 著 -- 初版 . -- 臺北市：小麥田
出版：家庭傳媒城邦分公司發行，
2017.06
面；　公分
ISBN 978-986-94582-3-8(平裝)

1. 化學實驗 2. 物理實驗 3. 中等教育

524.36　　　　　106006849

城邦讀書花園
www.cite.com.tw
書店網址：www.cite.com.tw